EFFECTIVE
COMPETITIVE
ANALYSIS

有效竞品分析

好产品必备的
竞品分析方法论

张在旺 著

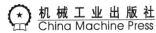
机械工业出版社
China Machine Press

图书在版编目（CIP）数据

有效竞品分析：好产品必备的竞品分析方法论 / 张在旺著 . —北京：机械工业出版社，2019.10（2023.10重印）

ISBN 978-7-111-63615-1

I. 有… II. 张… III. 产品竞争力 – 研究 IV. F273.2

中国版本图书馆 CIP 数据核字（2019）第 197174 号

有效竞品分析：好产品必备的竞品分析方法论

出版发行：机械工业出版社（北京市西城区百万庄大街 22 号　邮政编码：100037）
责任编辑：李　艺
责任校对：李秋荣
印　　刷：固安县铭成印刷有限公司
版　　次：2023 年 10 月第 1 版第 13 次印刷
开　　本：147mm×210mm　1/32
印　　张：9.75
书　　号：ISBN 978-7-111-63615-1
定　　价：79.00 元

客服电话：（010）88361066　68326294

版权所有 • 侵权必究
封底无防伪标均为盗版

前言

为何阅读本书

做产品不是要遵循规则论，因为不是仅仅"关注用户，把产品做好"就能成功，而是要遵循博弈论，须知，好产品也有可能被竞争对手打败。就像团购、共享单车一样，绝大多数产品会面临严酷的市场竞争，面临市场份额被竞争对手蚕食、用户流失、收入减少等问题。

所以，做产品不仅要关注用户，还要关注竞争对手，通过有效地进行竞品分析来提升产品的竞争力。

对产品经理而言，为什么要学好、做好竞品分析？

首先，竞品分析是产品经理的一项基本技能。如果你现在还不是产品经理，但有志成为一名产品经理，多做竞品分析还可以帮助你培养产品感。

其次，竞品分析是很多新人进入公司时接到的第一项工作任务。

通过竞品分析，可以快速了解这个行业、市场、竞争对手的产品以及自己的产品，以便更快融入工作。当然，也可以通过这种方式了解新员工的水平。

竞品分析是每一个产品经理都需要掌握的一项基本工作，可惜竞品分析没有想象中那么简单，在分析过程中产品经理容易陷入各种误区而不自知：

- 仅仅照抄与模仿竞品的功能与设计，陷入低水平竞争；
- 缺乏深度或广度，流于表面；
- 只是信息的简单收集罗列，未得出有价值的结论；
- 空泛的建议与结论，缺乏可操作性；
- 过于主观，先入为主，只收集对自己观点有利的信息；
- 由于缺乏方法论的指导，不同的人做竞品分析所用的方法和得出的结论存在很大差异；
- ……

曾有产品总监向我诉苦，他的两个下属在做同一个产品的竞品分析时，提交的竞品分析报告完全不同，得出的结论也不一样，以至于无法判断该相信哪份报告……出现这种情况的原因就是下属在进行竞品分析时缺乏方法论的指导。

目前市场上关于产品的书籍多如牛毛，但是关于竞品分析的书籍几乎没有。

这是一本介绍竞品分析系统方法论的书籍，通过体系化的流程、工具、模板，丰富的案例，为读者提供以下价值：

- 能够做出一份有价值的竞品分析报告；
- 掌握一套系统的竞品分析方法论、工具、模板；
- 能通过竞品分析捕获需求、改进产品，提升产品竞争力；
- 对商业模式、产品定位、差异化、竞争策略有更深入的理解。

本书主要内容

本书共 6 章，各章节内容如下：

第 1 章　对竞品分析方法论的概要介绍。

第 2 章　通过一个贯穿全程的竞品分析案例，介绍竞品分析的流程、每个步骤的要点。

第 3 章　介绍竞品分析的实用工具，包括：精益画布，用于做产品商业模式分析，建立产品全局观；竞品画布，把竞品分析的流程固化在模板上，帮助新人上手；战略画布，帮助做产品差异化分析。

第 4 章　介绍竞品分析的实用方法，包括：比较法、矩阵分析法、竞品跟踪矩阵、功能拆解、探索需求、加减乘除等。

第 5 章　介绍竞品分析报告的要点，并提供案例、模板、建议，帮助读者写好竞品分析报告。

第 6 章　介绍竞品分析的进阶内容，如制定竞争策略、小公司应对行业巨头的策略、帮助快速做产品的"抄超钞"方法论、反竞品分析。

本书目标受众

- 产品经理；
- 需要做竞品分析的人员，如产品策划人员、需求分析人员、设计人员、市场经理、运营人员、研发人员等；
- 希望跨界学习、开拓视野、提升产品技能的与产品相关的从业人员。

如何阅读本书

输入必有输出，输出倒逼输入。

读书学习是一种"输入"，要想有好的学习效果，必须要有"输出"：可以整理一个思维导图，可以写一篇读书笔记，可以准备一个内部分享 PPT，可以按照书上介绍的方法写一份竞品分析报告……你准备"输出"的过程会倒逼你"输入"更多的东西，从而强化学习效果。

在第 2 章介绍竞品分析 6 个步骤的过程中，特别安排了"练一练"环节，读者可以一步一步跟着填写竞品画布，做一次竞品分析，并参考第 5 章给出的竞品分析报告的案例与模板写一份竞品分析报告。

同样，在读书的过程中，不妨思考一下：书中介绍的工具、方法、策略应如何在产品中应用？应如何使竞品分析更有效？

哈佛大学 Sandel 教授曾说过："学习的本质，不在于你记住哪些知识，而在于它触发了你多少思考，一旦开始反思我们的工作，工作将变得不再一样！"

学以致用，就是最好的"输出"。

勘　　误

本书作为一本竞品分析书籍，没有现成的知识体系框架可以借鉴，在写作的过程中我深感开创者的不易，而且自身水平有限，书中难免会有疏漏之处，恳请读者批评指正。请关注我的微信公众号（微信搜索：张在旺），期待你的反馈、建议。本书后续更新的内容也将在公众号中发布。

致　谢

本书的出版，仅凭一己之力无法做到，幸好得到了很多亲友的大力支持。

感谢杨福川老师与李艺老师的大力支持，谢谢你们为本书出版所付出的努力。

感谢我的战略合作伙伴陈玉兰的支持，感谢张可让我对世界保持好奇心。

感谢王珂、蔡江法等热心读者提出的建议，帮助我进一步完善本书。

时光飞逝，跨入培训咨询领域已经10年了，在众多合作伙伴的支持下，我有幸走进100多家优秀企业，与全国各地优秀的IT同行面对面交流，教学相长、互相促进，从他们身上我受益良多，他们给我的启发、反馈、建议促进了我的产品方法论的完善。在此，衷心感谢合作伙伴的支持、客户的信任、学员的厚爱。

- 互联网行业：虎扑体育、百度、优朋普乐、众信旅游、乐智教育、K米、网宿、酷开、四维图新等。
- 互联网金融行业：中国平安、朝阳永续、信和财富、金微蓝、中国人寿、农信银、兴业银行、中信银行、中国银联、中国银行等。
- IT企业：华为、中兴通讯、用友软件、东软软件、大唐电信、绿盟科技、税友科技、华宇、四创科技、广州电子研究所、广东电信设计院、恒泰实达、金蝶软件、东方仿真、新大陆通信、富士通、星网锐捷、魅族、OPPO、物联网科技、年年卡网络、易迅天空、万达信息、浩鲸科技、东软医疗、京东方、随身通、华融科技、中国航信、厦门航空、人民教育出版社、中电海康、汇合、航天信息、百胜软件、盈世科技、广州地铁、广联达、赛意科技等。

- 外企：EMC、AutoDesk、艾默生、三星、Sony、东芝、Intel、斯伦贝谢等。
- 运营商：中国移动、中国电信、中国联通。
- 制造业：海尔、美的、创维、TCL、苏泊尔、方太等。

目录

前言

第 1 章　全面认识竞品分析

- 1.1　什么是竞品分析？　1
  - 1.1.1　竞品分析的内涵　2
  - 1.1.2　竞品分析的外延　3
- 1.2　为什么做竞品分析？　6
  - 1.2.1　做产品不仅要关注用户，还要关注竞争对手　6
  - 1.2.2　做竞品分析对产品的意义　8
  - 1.2.3　做竞品分析对个人的意义　9
- 1.3　何时做竞品分析？　11
  - 1.3.1　产品生命周期及每个阶段的关注点　12
  - 1.3.2　不同阶段做竞品分析的目标与侧重点　13
- 1.4　如何做竞品分析？　14
- 1.5　竞品分析知识体系　17
- 1.6　要点小结　20

第 2 章　竞品分析的 6 个步骤

- 2.1　明确目标——以终为始　22
  - 2.1.1　以终为始　22
  - 2.1.2　用产品思维做竞品分析　26
  - 2.1.3　案例　30
  - 2.1.4　练一练　31
  - 2.1.5　要点小结　31
- 2.2　选择竞品——精挑细选　33
  - 2.2.1　精挑细选　35
  - 2.2.2　案例　42
  - 2.2.3　练一练　43
  - 2.2.4　要点小结　43
- 2.3　确定分析维度——多维视角　45
  - 2.3.1　产品视角　46
  - 2.3.2　用户视角　54
  - 2.3.3　如何选择分析维度　58
  - 2.3.4　案例　62
  - 2.3.5　练一练　63
  - 2.3.6　要点小结　63
- 2.4　收集竞品信息——网罗天下　64
  - 2.4.1　竞品信息的来源　65
  - 2.4.2　案例　74
  - 2.4.3　练一练　76
  - 2.4.4　要点小结　77
- 2.5　信息整理与分析——抽丝剥茧　78
  - 2.5.1　信息整理　78
  - 2.5.2　信息分析　81

    2.5.3　案例　　　　　　　　　　　84

    2.5.4　练一练　　　　　　　　　　86

    2.5.5　要点小结　　　　　　　　　87

2.6　总结报告——价值驱动　　　　　　87

    2.6.1　竞品分析的总结与结论　　　88

    2.6.2　案例　　　　　　　　　　　91

    2.6.3　练一练　　　　　　　　　　92

    2.6.4　要点小结　　　　　　　　　93

第 3 章　竞品分析工具箱

3.1　精益画布　　　　　　　　　　　　95

    3.1.1　精益画布是什么　　　　　　95

    3.1.2　精益画布的作用　　　　　　99

    3.1.3　精益画布案例　　　　　　　101

    3.1.4　精益画布要点　　　　　　　103

    3.1.5　练一练　　　　　　　　　　106

    3.1.6　要点小结　　　　　　　　　106

3.2　竞品画布　　　　　　　　　　　　108

    3.2.1　竞品画布是什么　　　　　　108

    3.2.2　竞品画布的作用　　　　　　108

    3.2.3　精益画布与竞品画布案例　　110

    3.2.4　竞品画布要点　　　　　　　112

3.3　战略画布　　　　　　　　　　　　114

    3.3.1　战略画布是什么？　　　　　114

    3.3.2　战略画布的作用　　　　　　115

    3.3.3　战略画布案例　　　　　　　116

    3.3.4　战略画布要点　　　　　　　121

3.3.5　练一练　　　　　　　　　　　　　122
　　　3.3.6　要点小结　　　　　　　　　　　　122

第 4 章　竞品分析的常用方法

　4.1　比较法　　　　　　　　　　　　　　　126
　　　4.1.1　简介　　　　　　　　　　　　　126
　　　4.1.2　使用场景　　　　　　　　　　　127
　　　4.1.3　使用方法　　　　　　　　　　　127
　　　4.1.4　案例　　　　　　　　　　　　　129
　　　4.1.5　注意事项　　　　　　　　　　　132
　4.2　矩阵分析法　　　　　　　　　　　　　134
　　　4.2.1　简介　　　　　　　　　　　　　134
　　　4.2.2　使用场景　　　　　　　　　　　135
　　　4.2.3　使用方法　　　　　　　　　　　135
　　　4.2.4　案例　　　　　　　　　　　　　135
　　　4.2.5　注意事项　　　　　　　　　　　136
　4.3　竞品跟踪矩阵　　　　　　　　　　　　137
　　　4.3.1　简介　　　　　　　　　　　　　137
　　　4.3.2　使用场景　　　　　　　　　　　137
　　　4.3.3　使用方法　　　　　　　　　　　138
　　　4.3.4　案例　　　　　　　　　　　　　140
　　　4.3.5　注意事项　　　　　　　　　　　142
　4.4　功能拆解　　　　　　　　　　　　　　142
　　　4.4.1　简介　　　　　　　　　　　　　142
　　　4.4.2　使用场景　　　　　　　　　　　142
　　　4.4.3　使用方法　　　　　　　　　　　143
　　　4.4.4　案例　　　　　　　　　　　　　144

	4.4.5 注意事项	146
4.5	探索需求	147
	4.5.1 简介	147
	4.5.2 使用场景	147
	4.5.3 使用方法	147
	4.5.4 案例	150
	4.5.5 注意事项	151
4.6	PEST 分析	153
	4.6.1 简介	153
	4.6.2 使用场景	154
	4.6.3 使用方法	154
	4.6.4 案例	156
	4.6.5 注意事项	157
4.7	波特五力模型	157
	4.7.1 简介	157
	4.7.2 使用场景	159
	4.7.3 使用方法	159
	4.7.4 案例	161
	4.7.5 注意事项	161
4.8	SWOT 分析	162
	4.8.1 使用场景	162
	4.8.2 使用方法	162
	4.8.3 案例	165
	4.8.4 注意事项	166
4.9	加减乘除	167
	4.9.1 简介	167
	4.9.2 使用场景	167

　　　　4.9.3　使用方法　　　　　　　　　　167
　　　　4.9.4　案例　　　　　　　　　　　　168
　　　　4.9.5　注意事项　　　　　　　　　　171
　　4.10　要点小结　　　　　　　　　　　　171

第 5 章　写一份靠谱的竞品分析报告

　　5.1　竞品分析报告的结构和形式　　　　175
　　　　5.1.1　竞品分析报告的结构　　　　175
　　　　5.1.2　竞品分析报告的形式　　　　179
　　　　5.1.3　产品体验分析报告的分析框架　181
　　5.2　用产品思维撰写竞品分析报告　　　　185
　　5.3　写竞品分析报告的几点建议　　　　　186
　　5.4　竞品分析报告案例解析　　　　　　　188
　　　　5.4.1　腾讯手机浏览器竞品分析报告　189
　　　　5.4.2　Airbnb 商业计划书中的竞品分析　196
　　　　5.4.3　纳米盒产品分析报告　　　　　204
　　5.5　竞品分析报告的模板　　　　　　　　223
　　5.6　要点小结　　　　　　　　　　　　　233

第 6 章　竞品分析进阶

　　6.1　如何制定竞争策略　　　　　　　　　235
　　　　6.1.1　常见的竞争策略　　　　　　　236
　　　　6.1.2　大胆假设，小心求证　　　　　240
　　　　6.1.3　案例分析　　　　　　　　　　248
　　　　6.1.4　要点小结　　　　　　　　　　253
　　6.2　小公司如何应对巨头　　　　　　　　254

		6.2.1	柔道战略简介	254
		6.2.2	移动原则	256
		6.2.3	平衡原则	259
		6.2.4	杠杆原则	261
		6.2.5	要点小结	263
	6.3	"抄超钞"产品方法论		264
		6.3.1	抄	266
		6.3.2	超	271
		6.3.3	要点小结	280
	6.4	反竞品分析		280
		6.4.1	对要保护的信息分级	282
		6.4.2	常见的泄密渠道及防范	284
		6.4.3	竞争信息保护措施	290
		6.4.4	要点小结	294

第 1 章 CHAPTER
全面认识竞品分析

1.1 什么是竞品分析?

竞争是大自然的永恒法则。

我们所处的世界是充满竞争的世界。国家与国家之间的竞争,拼的是综合国力;企业与企业之间的竞争,拼的是企业实力;产品与产品之间的竞争,拼的是综合素质。

竞争对手分析的历史源远流长。

《孙子兵法·谋攻》中提到:"知己知彼,百战不殆;不知彼而知己,一胜一负;不知彼不知己,每战必败。"

《孙子兵法·地形》中提到："知彼知已，胜乃不殆；知天知地，胜乃不穷。"

"知彼"指的是了解竞争对手；"知天知地"指的是了解竞争环境。

竞争对手分析源自战争。商场如战场，商场中也充满激烈的竞争。做产品属于商业环境的一部分，同样会面临激烈的竞争。做产品只考虑用户是不够的，很多好产品都是被对手打败的，所以竞争对手分析对产品占领市场很重要。

竞争对手分析可以是国家层面、企业层面、产品层面、个人层面的，而产品层面的竞争对手分析就是竞品分析。

接下来介绍竞品分析的内涵与外延。

1.1.1　竞品分析的内涵

什么是竞品分析？看到"竞品分析"你会想到什么？

竞品是竞争对手的产品，从字面上理解，竞品分析是对竞争对手的产品进行分析，但这只是表层的含义。

我看过很多人做的竞品分析报告，大多是围绕产品本身进行分析：功能、界面、交互设计等，也就是对竞品"看得见"的部分进行分析。

通过对竞争对手的产品的"看得见"的部分进行分析，我们可以知道对手的产品做得怎么样，但如果我们仅分析这些内容，会遗漏很多关于产品的重要信息，以下面这个故事为例。

三个馒头

有个人肚子很饿,他去买了 3 个馒头。他吃了第一个馒头,肚子还是觉得饿。他又吃了第二个馒头,感觉还是没吃饱。他又吃了第 3 个馒头,肚子终于开始感觉饱了。于是,他觉得第 3 个馒头好神奇,于是重点去研究分析第 3 个馒头,看看它有什么神奇的配方……

这个故事带给你什么启发呢?

我们做竞品分析时,除了分析竞品"做得怎样",还要分析"看不见"的部分,如图 1-1 所示。竞品为什么这么做?竞争对手是如何做到的?竞争对手下一步会怎么做?对于竞争而言,这几个问题在我们与竞争对手博弈时,反而比分析"竞品做得怎样"更重要。

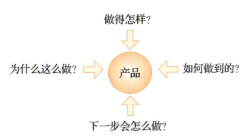

图 1-1 竞品分析应该关注的问题

竞品分析不仅是对竞争对手产品的分析,还要跳出"产品"看竞争。

1.1.2 竞品分析的外延

1. 竞品分析 VS 竞争情报

比竞品分析更早出现的是竞争情报。我国自 20 世纪 80 年代引入竞争情报以来，越来越多的企业开始重视竞争情报，有的甚至成立了专业的商业情报部门。

竞争情报简称 CI，即 Competitive Intelligence，也有人称之为 BI，即 Business Intelligence。

竞争情报是指关于竞争环境、竞争对手和竞争策略的信息和研究，是一种过程，也是一种产品。过程是指对竞争信息的收集和分析；产品是指由此形成的情报和谋略。

竞争情报与竞品分析的区别：

- 竞争情报主要是企业层面的，竞品分析主要是产品层面的。
- 竞争情报关注情报的收集、分析、传播；竞品分析的目标与结果导向非常明确，不仅要收集、分析竞品信息，还要输出对产品有价值的结论。

2. 竞品分析 VS 市场分析

在介绍竞品分析与市场分析的差异前，先来了解几种常用的分析报告，如竞品分析报告、市场分析报告、产品分析报告、产品体验报告，这些报告虽有共通之处，但又各有特点。

按照宏观到微观来排序：市场分析报告 > 竞品分析报告 > 产品分析报告 > 产品体验报告。

竞品分析与其他分析的具体关系如图 1-2 所示。

市场分析与竞品分析的交集： 做市场分析时，有时也会对竞品做分析，所以市场分析报告中会包含竞品分析的内容；做竞品分析时，根据分析目标，也可能会做市场分析，即竞品分析报告会包含市场分析的内容。

第 1 章 全面认识竞品分析

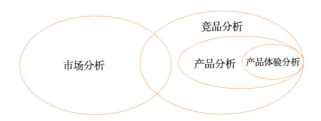

图 1-2 竞品分析与其他分析的关系

竞品分析包含产品分析：做竞品分析时，若目的是学习借鉴，那么此时的竞品分析就相当于产品分析。

产品分析包含产品体验分析：进行产品分析时，可以对产品商业模式进行分析，也可以对产品的用户体验设计进行分析。如果是对产品的用户体验设计进行分析，此时的产品分析就是产品体验分析。

各类分析报告的具体区别如表 1-1 所示。

表 1-1 竞品分析报告与其他分析报告的区别

报告类型	分析目的	产品数量	分析维度
市场分析报告	寻找市场机会、帮助产品定位	比较宏观，大多没有对产品进行具体分析	市场规模、增长趋势、市场份额、竞争状况、市场机会、市场细分、用户画像、产品分析
竞品分析报告	竞争、学习借鉴、市场预警	1～5，多数为 2～3 个	产品视角（功能、设计、技术、团队、运营等）、用户视角（$APPEALS）
产品分析报告	学习借鉴	多数为 1 个	产品设计（用户体验要素）、产品商业模式分析（精益画布）
产品体验分析报告	学习借鉴	多数为 1 个	产品设计（用户体验要素）

1.2 为什么做竞品分析？

我在评审竞品分析报告时，通常会问竞品分析报告的作者，为什么要做竞品分析？得到的回答多是这样："领导让我做的""产品研发流程中要求做竞品分析，要提交竞品分析报告""产品立项报告模板中要求做竞品分析"。

这是一个常见的误区：做竞品分析的人没弄清楚为什么要做竞品分析。那么，要如何避免陷入误区？接下来将从三个方面阐述为什么要做竞品分析。

1.2.1 做产品不仅要关注用户，还要关注竞争对手

我们都有幸经历了中国 IT 行业高速发展的阶段，下面跟大家分享几个我用过的 IT 产品。

1991 年我在上初中，当时学校用的是苹果电脑 Apple II，如图 1-3 所示，我们就用它学习 BASIC 程序。当时苹果电脑是 PC 行业的佼佼者，后来一度被 IBM 兼容机打败。

我在上大学时用过网景浏览器，如图 1-4 所示，当时几乎每台电脑都装有这个浏览器，但大学毕业后就再没见过谁使用这个浏览器，它被微软的 IE 浏览器打败了。

图 1-3　苹果电脑 Apple II

图 1-4　网景浏览器

易趣（如图 1-5 所示）与阿里巴巴在同一年（1999 年）成立，在我上大四的时候，易趣到大学里面做推广活动，每个注册用户都可以得到一大包薯片，当时很多同学都去注册了，只是后来，易趣被淘宝打败了。

图 1-5　易趣的 Logo

诺基亚 3310 手机（如图 1-6 所示）是我用过的第一部手机。诺基亚手机当时如日中天，市值最高达 1000 亿欧元，但后来，微软以 72 亿美金收购了诺基亚的手机业务。

可以说，IT 行业的发展历史就是竞争的历史。

做产品不是仅仅"关注用户，把产品做好"就能成功。

图 1-6　诺基亚 3310 手机

被竞争对手打败的好产品不计其数：摩托罗拉、柯达、网景、易趣、瑞星……

如果没有竞争，那对产品经理来说做产品真是太轻松了！

而事实是，我们的产品会面临严酷的市场竞争，市场份额会被竞争对手蚕食，用户会流失，收入会减少……

日本的战略专家大前研一提出了 3C 战略三角模型，如图 1-7 所示。

成功战略有三个关键因素，在制定任何经营战略时，产品经理都必须考虑这三个因素：公司本身（Corporation）、顾客（Customer）、竞争者（Competitor）。

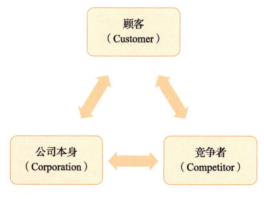

图 1-7　3C 战略三角模型

我们做产品不仅要关注用户，还要关注竞争对手，通过竞争分析来提升产品的竞争力！

1.2.2　做竞品分析对产品的意义

1. 决策支持

从产品的战略层面来说，做竞品分析可以为企业制定产品战略、布局规划提供参考依据。

通过竞品分析，可以找准产品定位，找到合适的细分市场，避开强大的竞争对手。

当我们有了一个自认为"绝妙"的创意，如果不做市场调研与竞品分析就马上去做，极有可能误入"红海"，导致产品失败。

所以，在产品的战略规划报告、立项报告、商业计划书中，都要有专门的一个章节来体现竞品分析。

另外，在产品运营阶段，也要根据竞争对手的市场推广策略、定价策略及时调整自己的战术。

2. 学习借鉴

从产品的战术层面来说，做产品设计时，需要通过分析竞争对手的产品，取长补短，特别是要关注产品的功能与用户体验设计方面。这里需要注意的是，"取长补短"不是简单的"抄抄抄"，而是要"抄超钞"，只有在"抄"的基础上"超"，才能得到"钞"。"抄超钞方法论"将在第6章中介绍。

3. 预警避险

有效的竞品分析能够帮助我们预警避险，比如关注政策的变化、新技术的出现、新竞争对手的出现、市场上出现的颠覆性替代品等，这些因素都会影响产品的成败。

做竞品分析会让我们时刻关注竞争对手，关注环境的变化。

1.2.3 做竞品分析对个人的意义

对需要做竞品分析的个人（如产品经理）而言，为什么要学习竞品分析？为什么要做竞品分析呢？

1. 竞品分析是产品经理必备的一项基本技能

产品经理的职责可以用"定"和"盯"这两个字来概括，如图1-8所示。

定：定方向、定目标、定策略，包括竞品分析、用户研究、需求分析、产品规划、产品设计等。

盯：盯着全程，关注整个产品生命周期，把产品做出来、推出去、做大做强。

图 1-8　产品经理的职责

产品经理的职责与工作任务中包含竞品分析，所以竞品分析是产品经理必备的一项基本技能。

2. 多做竞品分析可以培养产品感

产品感类似开车的车感，车感好的人经过狭窄的小道前就能提早预判能否通过；在路边的狭窄车位停车时，也能提早预判能否停进去。老司机往往都有很好的车感。

产品感也和打球的球感相似，球感好是基于球员对打篮球时一系列动作的熟练程度的，知道怎么带、投才能进。优秀的球员都有很好的球感。

产品经理做产品也需要产品感。产品感是基于产品经理对产品、用户、应用场景的熟悉与理解，在大脑中储存足够多的相应场景，在做产品的过程中遇到各种问题时能随时调用来解决问题的一种能力。

新司机多开车可以培养车感，新球员多训练、多参加比赛可以培养球感，产品经理多做产品也可以培养产品感。

产品经理除了多做产品、多积累经验可以培养产品感之外，多做竞品分析、多研究业界的优秀产品、标杆产品，也可以提升产品感。

可以说，多做竞品分析是提升产品感的一条捷径。

3. 竞品分析是很多新人进入公司时接到的第一项工作任务

当你作为新人刚进公司时，领导给你布置的第一项工作任务往往是做竞品分析。领导希望通过竞品分析，可以帮你快速了解这个行业、市场、竞争对手的产品以及自己的产品，以便更快融入工作。

当然，领导也希望通过这种方式了解你的水平。竞品分析做得好坏，可能会直接影响领导对你的评价。

现在有很多人面试前，也会提前做好一份面试公司的竞品分析报告，做得好的话就是很好的加分项，能给面试官留下好印象。

1.3 何时做竞品分析？

在产品生命周期的每一个阶段都可以做竞品分析。

由于在产品生命周期的不同阶段我们的关注点不同，而竞品分析要为产品服务，所以竞品分析的侧重点也不同。

我们首先要了解产品的生命周期，进而针对每个周期的关注点选择竞品分析的侧重点。

1.3.1　产品生命周期及每个阶段的关注点

产品跟人类一样，也有生命周期。

产品生命周期与人类生命周期的类比如图 1-9 所示。

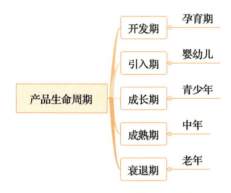

图 1-9　产品生命周期与人类生命周期的类比

我们把产品生命周期形象地概括为产品三部曲：

1）**想清楚**：为什么做？做什么？怎么做？
2）**做出来**：产品设计、开发、测试。
3）**推出去**：产品运营、推广、商业化。

在产品生命周期的不同阶段，需要关注的问题也不同，如图 1-10 所示。

产品生命周期管理的完整大图请关注公众号（"张在旺"）获取。

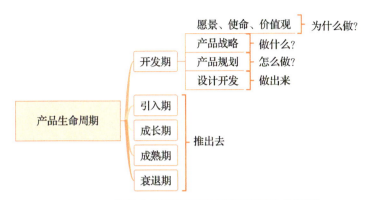

图 1-10　产品生命周期不同阶段需要关注的问题

1.3.2　不同阶段做竞品分析的目标与侧重点

因为在产品生命周期的不同阶段需要关注的问题不同，所以在不同阶段做竞品分析的目标与侧重点也不同，具体如表 1-2 所示。

表 1-2　不同阶段做竞品分析的目标与侧重点

阶段	关注的问题	常见的分析目标	常见的分析维度
产品战略	● 做什么？	● 找到产品机会 ● 判断该不该做 ● 帮助产品定位	市场分析 盈利模式 战略定位
产品规划	● 怎么做？	● 差异化 ● 帮助做需求分析 ● 帮助制订功能列表	市场分析 产品功能 用户规模 $APPEALS
设计开发	● 做出来	● 设计的参考	产品功能 技术 用户体验设计
产品运营	● 推出去	● 行业环境预警 ● 竞争对手监测 ● 制定竞争策略 ● 借鉴竞品的推广手段	市场策略 布局规划 定价 $APPEALS

我们在确定竞品分析目标时，可以根据产品当前所处的阶段来确定。

1.4 如何做竞品分析？

你做过竞品分析吗？

即使你没有写过正式的竞品分析报告，类似"竞品分析"的事情你一定做过，比如：买东西的时候，你会货比三家；找工作的时候，你一般不会只面试一家公司；相亲时，你一定也想多看几个再决定……

事实上，这些事情在流程上跟竞品分析有很多类似之处。

比如，有个亲戚请你帮忙推荐一款手机，你会怎么做？

1）了解他对手机的需求、预算、喜好，比如预算在 2500 元以内，主要用来看新闻、拍照。

2）锁定几个目标品牌，比如小米、华为、OPPO……

3）明确他关注的方面，比如价格、配置、外观、拍照功能……

4）通过多种渠道去收集你所关注的信息，比如上网搜索、去实体店体验、问一下身边的人……

5）对收集到的信息进行比较分析，比如通过横向比较确定性价比最高、最符合他需求的一款手机。

6）向他推荐并说明理由。

做竞品分析的流程跟上述选择手机的步骤是类似的，这就是"竞品分析 6 步骤"，如图 1-11 所示。

图 1-11 竞品分析 6 步骤

1）**明确目标**：明确为什么要做竞品分析、想解决什么问题、竞品分析的目标是什么。

2）**选择竞品**：选择你要分析的竞品。

3）**确定分析维度**：根据你的竞品分析目标，确定要从哪些维度分析竞品。

4）**收集竞品信息**：从各种渠道收集竞品信息。

5）**信息整理与分析**：对收集到的竞品信息进行整理与分析。

6）**总结报告**：得到竞品分析的结论，输出竞品分析报告。

为了让大家更规范地做竞品分析，我们需要把竞品分析的几个关键步骤固化在一张纸上形成模板，这就是竞品画布，如图 1-12 所示。

竞品画布有以下两种用途：

（1）竞品画布就像一个菜谱，能帮助新手快速上手

如果你从来没有做过鱼香肉丝这道菜，让你现在去做可能会觉得无从下手。如果给你一个鱼香肉丝的菜谱，你就可以根据菜谱按部就班地完成。

竞品画布　你的产品名称：　　　　　作者：		
【1. 分析目标】为什么要做竞品分析？希望为产品带来什么帮助？你的产品所处阶段：目前你的产品面临的最大的问题与挑战：竞品分析目标：	【5. 优势】与竞品相比，你的产品有哪些优点？（tips：可以结合分析维度）	【6. 劣势】与竞品相比，你的产品有哪些缺点？
【2. 选择竞品】竞品名称、版本及选择理由	【7. 机会】有哪些外部机会？	【8. 威胁】有哪些外部威胁？
【3. 分析维度】从哪几个角度来分析竞品？例如，功能、市场策略……（tips：结合产品阶段与分析目标来确定分析维度）	【9. 建议与总结】通过竞品分析，对你的产品有什么建议？采取什么竞争策略？得出了哪些结论？（tips：要考虑可操作性）	
【4. 收集竞品信息】你打算从哪些渠道收集竞品信息？		

图 1-12　竞品画布

竞品画布就像一个菜谱，把竞品分析的几个关键步骤固化在一张纸上作为模板，如竞品分析的 SOP（标准操作流程），对流程加以规范，帮助新手快速上手，以避免出现重大疏漏。

（2）竞品画布相当于竞品分析报告的 MVP（最小可用产品），可实现低成本快速验证

如果领导让你写一份竞品分析报告，你可以先填写一份竞品画布，确认关键内容后再去着手做竞品分析、写竞品分析报告，这样可以避免你做的竞品分析不符合领导的需求。

如果你让下属做竞品分析，可以先让他填写一份竞品画布，确保他明了竞品分析的目标，并确定他选的竞品、分析的维度等与你的期望一致后再开始分析。否则可能他花费一个星期的时间做出一份竞品分析报告，却因为选错了竞品或者分析维度欠缺，造成返工和时间的浪费。

至此，我们对竞品分析的流程就有了初步的了解，后面第2章会对竞品分析的6个步骤进行详细介绍，还会介绍每个步骤对应的工具与方法，帮你掌握竞品分析的方法。

1.5 竞品分析知识体系

竞品分析方法论源自实践，是经过多年打磨，吸收众多一线、二线公司的反馈与建议，逐步完善，形成的一套系统的方法论。

竞品分析方法论是个完整的知识体系，如图1-13所示。

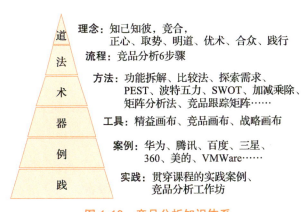

图1-13 竞品分析知识体系

竞品分析知识体系自上而下可以分为道、法、术、器、例、践 6 个层级。

1. 道

道是理念、自然法则，是万物变迁中亘古不变的规律。道可顿悟，术需渐修。

竞品分析的核心理念如下：

- 知己知彼，方能百战百胜。
- 竞合：看待竞争对手的新视角——既可以有竞争，也可以有合作。
- 正心、取势、明道、优术、合众、践行。
  - **正心**（端正初心）：明确使命、愿景、价值观；
  - **取势**（顺势而为）：通过竞品分析研究宏观环境、行业趋势、竞争对手、自身优势，顺势而为；
  - **明道**（明确道路）：制定战略，规划路线图；
  - **优术**（优化战术）：做好产品，运营推广；
  - **合众**（联合众人）：团队合作，优势互补；
  - **践行**（实践行动）：实践、行动、落地。

2. 法

法是法则、指导原则、操作流程，通过对长期实践的思考和归纳总结得出。

我们通过大量实践提炼了竞品分析的 6 个核心步骤，按照这 6 个核心步骤就可以完成一次完整的竞品分析。

3. 术

术是方法，是在指导原则与操作流程指导下的操作方法。术可通过练习来掌握与提升。

竞品分析会用到大量的方法,比如著名的SWOT、功能拆解、竞品跟踪矩阵等。

4. 器

器是工具,"工欲善其事,必先利其器"。通过器可以提升工作效率。

我们提供做竞品分析很实用的工具与模板:竞品画布、精益画布、战略画布,以帮助竞品分析落地。

同时,这些工具与模板以画布的形式呈现,有利于团队的可视化沟通。

5. 例

例是案例。结合案例的目的是格物致知。格物致知出自《礼记·大学》,"致知在格物,物格而后知至",意思是推究事物的原理,从而获得知识。

通过对案例的研究与剖析,从而获得知识,帮助理解"法、术、器"。

每个重要知识点我们都会结合案例进行阐释,以帮助读者理解知识点。

书中提供了一个贯穿竞品分析6个步骤的完整案例,也提供了竞品分析报告的经典案例。

6. 践

践是践行、实践。

竞品分析是一项技能，任何一项技能都需要大量的实践与刻意练习才可以熟练掌握乃至成为高手，比如游泳、骑自行车。

要做好竞品分析，仅靠看书是不够的，流程、工具与方法属于技能层面，需要在看书的同时结合实践，学以致用，才能真正掌握。在书中笔者也特意设计了"练一练"环节，每学完一个竞品分析的关键步骤，希望你能暂停一下，去练一练，这对掌握竞品分析技能会有很大帮助。

"道、法、术"出自老子的《道德经》。后人又基于"道、法、术"做了扩展与延伸，道、法、术、器、例、践6层级是诠释知识体系很实用的框架。

我们在学习一个新的知识体系时，比如项目管理、用户体验、产品运营等，都可以按照道、法、术、器、例、践6层级来组织知识体系。

1.6 要点小结

- 做产品不仅要关注用户，还要关注竞争对手。
- 竞品分析不仅仅是对竞争产品的分析，因此我们要跳出"产品"看竞争。
- 在产品生命周期的每一个阶段都可以做竞品分析，在不同的阶段，分析目的与侧重点也有所不同。
- 竞品分析是产品经理的基本功，多做竞品分析有助于培养产品感。
- 竞品分析6步骤：明确目标→选择竞品→确定分析维度→收集竞品信息→信息整理与分析→总结报告。

- 竞品画布就像一个菜谱,能帮助新手快速上手,避免出现重大疏漏。
- 可以把竞品画布当作 MVP 提早验证思路,避免走弯路、做无用功。
- 正心、取势、明道、优术、合众、践行。

第 2 章 CHAPTER

竞品分析的 6 个步骤

2.1 明确目标——以终为始

本章将逐步介绍竞品分析的 6 个步骤。首先介绍第一个步骤：明确目标。这个步骤的关键词是"以终为始"，如图 2-1 所示。

2.1.1 以终为始

史蒂芬·柯维（Stephen R.Covey）在《高效能人士的 7 个习惯》（The 7 Habits of Highly Effective People）中提到的第二个习惯是"以终为始"（Begin with the End in Mind.）。

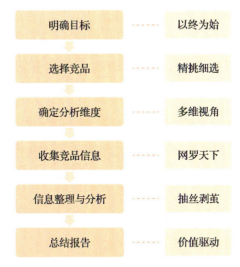

图 2-1　竞品分析的 6 个步骤

我们做竞品分析时也要以终为始，在开始做竞品分析时就要明确目标、考虑输出成果。

不清楚竞品分析的目的与目标，会导致做竞品分析时抓不住重点，不清楚竞品分析该做到什么程度、何时算完成竞品分析报告，做出的竞品分析报告也很难满足实际应用需求。

所以，我们在开始动手做竞品分析之前，要先弄清楚以下几个问题：

1. 为哪个产品做竞品分析

在做竞品分析前，首先要明确为哪个产品做竞品分析，后续才能与竞品做对比分析。

即使上级指定了分析的具体竞品，也要先明确为哪个产品做竞品分析，这样竞品分析的输出成果才能有针对性地为该产品提供价值。

2. 该产品目前处于哪个阶段

在产品的每一个阶段都可以做竞品分析，但是，在不同阶段做竞品分析的目标与侧重点不同，具体可参见前文表 1-2 所示，这里不再赘述。

3. 当前产品面临的主要问题与挑战是什么

产品的哪些问题可以通过竞品分析来解决？

通过竞品分析能够解决产品的问题，竞品分析才会变得有价值。

4. 做竞品分析的目的是什么

换句话说，为什么要做竞品分析？

你想通过竞品分析解决什么问题？想通过竞品分析知道什么？

如果是别人让你做竞品分析，首先需要清楚他的目的与意图是什么、想通过竞品分析解决什么问题以及要重点关注哪些方面。

这里建议用竞品画布进行分析，因为竞品画布会提醒你需要明确哪些问题。

"目的""目标"是极易混淆的两个概念，我举个例子来帮助读者理解这两个概念的差别：

- 减肥的目的：为了身体健康或改善形象（做一件事情的原因、意图）。
- 减肥的目标：1 年内瘦身 20 斤（可衡量、可实现的结果，通过实现"目标"达到"目的"）。

竞品分析常见的目的有三种：决策支持、学习借鉴、市场预警。具体会结合竞品分析的目标进行介绍。

5. 竞品分析的目标是什么？

为了达到目的，还要设定更具体的目标，如图2-2所示。

图2-2　竞品分析的目的与目标

（1）竞品分析的目的是决策支持

常见的竞品分析目标如下：

- 判断是否该进入一个新市场，是否该做一个新产品；
- 帮助新产品找准定位，找到细分市场，避免与行业巨头正面竞争；
- 在产品销售、竞标时提炼卖点，帮助销售人员卖出产品；
- 通过竞品分析，制定产品的竞争策略。

（2）竞品分析的目的是学习借鉴

常见的竞品分析目标如下：

- 通过分析业界的成功产品，找到产品机会，先"抄"再"超"，从而得到"钞"；
- 与业界标杆比较，发现差距，取长补短；

- 借鉴竞品，帮助形成产品的功能列表；
- 为功能的原型设计提供参考；
- 学习竞品的运营推广手段。

（3）竞品分析的目的是市场预警

常见的竞品分析目标如下：

- 宏观环境预警：发现政治环境、经济环境、技术环境和社会环境的异动；
- 行业环境预警：发现供应商、客户、现有竞争者、新进入者和替代者的异动；
- 竞争对手监测：监测竞品的市场表现、竞品的推广手段、新竞争对手的出现。

6. 竞品分析的输出成果是什么？

以终为始，在开始做竞品分析时要先考虑输出成果以及如何更好地输出。

在大多数情况下，竞品分析的输出成果是一个独立的竞品分析报告，也有可能是其他文档（如商业计划书、产品规划报告、产品立项报告）中的一部分。

2.1.2　用产品思维做竞品分析

产品思维是产品经理必备的一种思维模式，当然，即使不是产品经理，也值得拥有产品思维。产品思维，简单来说就是，像做产品一样去做事情，比如像做产品一样制作PPT。

假设你要为你的领导做一份用于大会演讲的PPT，很多人的套路是：

1）先去找个档次高的 PPT 模板；
1）把演讲稿的内容提炼成要点填充到 PPT 中；
2）找一些高清图片进行装饰；
3）最后整体再修饰一下，得到最终的 PPT。

如果把该 PPT 当作产品去做，那关注点就不一样了：要考虑目标用户、用户需求、使用场景、用户体验……

- **目标用户**：该 PPT 的用户除了你的领导，还有听众。你要了解听众是什么样的人群，是产品的用户？合作伙伴？还是投资人？不同类型的听众，其关注点也不同。
- **用户需求**：你要了解大会的主题是什么、听众关注哪些内容。
- **使用场景**：你要清楚，PPT 是在投影仪下播放，还是在 LED 大屏幕播放？屏幕比例是 16∶9 还是其他？现场灯光效果会不会影响 PPT 的显示？演讲时长是多少？是否要采用主办方提供的模板？演讲的日程安排是怎样的？前后的演讲主题分别是什么、如何衔接？
- **用户体验**：你的 PPT 要有良好的用户体验，如内容有干货、逻辑清晰、字少图多、拍照分享有格调……

应用产品思维，把 PPT 当作产品一样去做，你会发现做 PPT 时的关注点、思考的角度就会变得不同，会更容易做出让用户满意的 PPT。

同样，我们可以把竞品分析报告当作一个产品，用产品思维做竞品分析。

首先思考以下几个问题：

1. 用户是谁？

竞品分析文档是做给谁看的？读者是哪些人？

可能是老板、投资人、客户、销售员、产品团队……

用户关心哪些内容？你想让用户了解什么？

不同的用户（读者）有不同的关注点，竞品分析报告要体现他们的关注点。

2. 为什么要做竞品分析？

做竞品分析的目的是什么？

是为领导的决策提供支持，还是想学习借鉴对手，又或者想要达到市场预警的目的？

当前产品处于什么阶段？面临的最主要的问题是什么？想通过竞品分析解决什么问题？要知道，竞品分析要解决产品相关的问题才能体现其价值。

3. 竞品分析的目标是什么？

如何判断竞品分析报告做得好不好？不是看竞品分析报告的内容是否丰富、PPT做得是否精美，而是取决于能否达到竞品分析的目标。

4. 使用场景是什么？

竞品分析报告在什么场景下使用？是发给别人阅读，还是在会议上演示？

如果是在项目立项会议上给老板与投资者看的，那内容上就要求做到精练、条理清晰，格式以 PPT 为佳。

平日里，我们可以多准备一些产品素材，但并不是都要在会议上呈现出来，而是为了在别人提问时可以信手拈来，这些内容可以放在报告的附录中。

你有多少演示时间？这关乎你的 PPT 要准备多少内容。

如果是在产品团队内部使用，则内容可以更丰富些，而且格式不限，Word、Excel、PPT、思维导图都可以，依团队使用习惯而定。

5. 如何给读者更好的阅读体验？

竞品分析的输出物是一份独立的报告还是其他文档的一部分？

商业计划书、立项报告、产品战略规划报告中都有关于竞品分析的章节。如果属于其他文档的一部分，其他章节可能是他人写的，这样就要考虑与其他部分的衔接，并且保持写作风格一致，以保证文档能给人良好的整体体验。

报告要按照金字塔原理，采用"总—分—总"的结构，且逻辑要清晰。特别是长达几十页的 PPT，要把分析的结论要点写在前面，提前告知用户。

6. 用一页纸的竞品画布低成本验证试错

当接到做竞品分析的任务时，你若直接开始埋头苦干，花费一个星期的时间写好竞品分析报告，但领导看到报告后提出质疑，并指出你选择的竞品不对，或者分析的维度不对，这会导致你的竞品分析工作要推翻重来。

其实，我们可以应用精益创业的思想，先做一个MVP（最小可用产品）低成本验证试错。

先花一点时间填写一页纸的竞品画布，跟领导确认后再去做竞品分析、写竞品分析报告，这样可以大大降低返工的风险。

2.1.3 案例

本节我们将采用一个完整的竞品分析案例介绍竞品分析的6个步骤。

案例背景： 国内某通信企业H开发出一款移动交换机产品VMSC，面向运营商市场，但这个市场的主要份额被几个国外企业瓜分，作为这一领域的新进入者，H企业要如何抢夺市场份额？

当时产品已经开发出来，处于市场推广阶段，该企业面临的最大问题与挑战是市场推广不利，国外企业在中国市场占据了大部分市场份额，而H企业VMSC产品的市场占有率低于15%。

市场推广不利的原因是多方面的，包括对手的先发优势、渠道、品牌影响力、产品等，其中产品是很重要的因素。H企业清楚自己的新产品与国外企业的成熟产品是有一定差距的，但并不清楚具体哪些地方不足，于是H企业决定做一次全面的竞品分析。

H企业竞品分析的目的是"决策支持"，竞品分析的目标是通过竞品分析，找到产品市场占有率低的原因，并提出竞争策略，提高产品在国内的市场占有率。

首先，在竞品画布中填写竞品分析的目标，如图2-3所示。

竞品画布　你的产品名称：移动交换机 VMSC

【1. 分析目标】 产品所处阶段：市场推广 目前产品面临的最大问题与挑战：在国内市场占有率低于 15% 分析目标：通过竞品分析找到产品市场占有率低的原因，并提出竞争策略，提高产品在国内的市场占有率	【5. 优势】与竞品相比，你的产品有哪些优点？（tips：可以结合分析维度）	【6. 劣势】与竞品相比，你的产品有哪些缺点？
【2. 选择竞品】竞品名称、版本及选择理由	【7. 机会】有哪些外部机会？	【8. 威胁】有哪些外部威胁？
【3. 分析维度】从哪几个角度来分析竞品？例如，功能、市场策略……（tips：结合产品阶段与分析目标来确定分析维度）	【9. 建议与总结】通过竞品分析，对你的产品有什么建议？采取什么竞争策略？得出了哪些结论？（tips: 要考虑可操作性）	
【4. 收集竞品信息】你打算从哪些渠道收集竞品信息？		

图 2-3　竞品画布案例

2.1.4　练一练

竞品分析是技能，光学不练假把式！

选择一个你正在做或熟悉的产品，对其进行竞品分析，填写竞品画布的第一部分，如图 2-4 所示。后续几个步骤的竞品画布练习都可以在这张画布上进行。

2.1.5　要点小结

- 竞品分析的目的可以是与竞品竞争，也可以是学习借鉴。
- 如果通过竞品分析能够解决产品的问题，竞品分析将变得有价值。

竞品画布　　你的产品名称：　　作者：

【1. 分析目标】为什么要做竞品分析？希望为产品带来什么帮助？ 你的产品所处阶段： 目前你的产品面临的最大的问题与挑战： 竞品分析目标：	【5. 优势】与竞品相比，你的产品有哪些优点？(tips：可以结合分析维度)
	【6. 劣势】与竞品相比，你的产品有哪些缺点？
【2. 选择竞品】竞品名称、版本及选择理由	【7. 机会】有哪些外部机会？
【3. 分析维度】从哪几个角度来分析竞品？例如，功能、市场策略……(tips：结合产品阶段与分析目标来确定分析维度)	【8. 威胁】有哪些外部威胁？
【4. 收集竞品信息】你打算从哪些渠道收集竞品信息？	【9. 建议与总结】通过竞品分析，对你的产品有什么建议？采取什么竞争策略？得出了哪些结论？(tips：要考虑可操作性)

图 2-4　竞品画布练习

- 以终为始,开始做竞品分析时就要考虑目标与输出成果。
- 判断竞品分析报告做得好不好,取决于是否达到竞品分析的目标。
- 可以把竞品分析报告当作一个产品,用产品思维做竞品分析。
- 把一页纸的竞品画布当作竞品分析报告的 MVP,低成本验证试错。

2.2 选择竞品——精挑细选

射击队有两位实力接近的选手:

1)小文:射击成绩很稳定。
2)小强:射击成绩不稳定,成绩时好时坏。

两位选手的具体成绩如表 2-1 所示,他们的平均成绩都是 9 分。

表 2-1 小文和小强的射击成绩

选手	第 1 次	第 2 次	第 3 次	第 4 次
小文	9	9	9	9
小强	8	10	8	10

如果你是主教练,只有一个参赛名额,你会派谁去呢?

首先,要看比赛的目标。

如果是友谊赛,目标是加强友谊,不一定要获胜,这时派谁去都可以。

如果是奥运会，目标是获得金牌，那就一定要打败对手，这时就要做竞争对手分析，结合竞争对手的表现再做决定。

那么，如果看竞争对手的表现呢？

如果竞争对手的平均成绩是 8.5 分，派谁去获胜的概率更高？

如果竞争对手的平均成绩是 9.5 分，派谁去才有获胜的希望？

我们做竞品分析时，选择正确的竞争对手也是很关键的一步。

选择不同的对手会得到不同的竞争策略，获得的分析结论也会差别很大。

接下来我们来介绍竞品分析的第 2 个步骤：选择竞品。这个步骤的关键词是"精挑细选"，如图 2-5 所示。

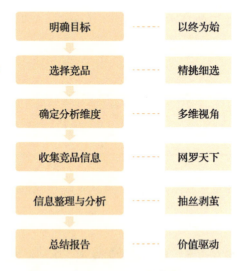

图 2-5 竞品分析的 6 个步骤

2.2.1 精挑细选

1. 竞品分类

竞品可以分为很多类型，如图 2-6 所示。

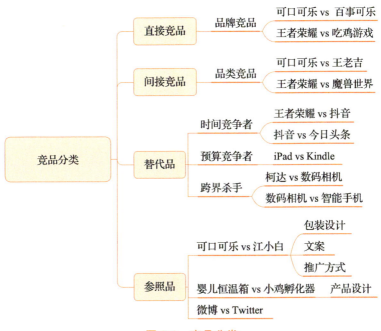

图 2-6 竞品分类

（1）品牌竞品

品牌竞品是指产品形式和目标用户群相同，品牌不同的竞品。品牌竞品与你的产品争夺同一个市场，有直接竞争关系。例如，小米手机 vs 华为手机，可口可乐 vs 百事可乐。

（2）品类竞品

品类竞品是指产品形式不同，目标用户群类似，属于同一品类的竞品。品类竞品与你的产品有间接竞争关系，也会影响你的产品的市场份额。例如，可口可乐与王老吉都属于饮料品类，属于品类竞品；王者荣耀与魔兽世界都属于游戏品类，属于品类竞品。

（3）替代品

替代品是指产品形式、品类不同，目标用户群类似，能满足用户相同需求的竞品。替代品相互之间有替代竞争关系，此消彼长。例如，满足人们出行需求的交通工具有公交车、轿车、自行车等，它们相互之间是可以替代的，上班可以坐公交车、开车，也可以骑自行车。

替代品还可以细分为以下几种：

- **时间竞争者**：互相抢夺用户的时间资源。例如，各种直播、新闻、短视频、手游等产品层出不穷，都在抢夺用户的时间，而用户的可用时间是相对固定的，所以这些产品是竞争关系，互为替代品。例如，王者荣耀 vs 抖音。
- **预算竞争者**：抢夺用户的预算资源。例如，公司年底有抽奖活动，预计要花费 100 万元来采购奖品，可选 iPad、iPhone、小家电等，它们彼此成为预算竞争者。
- **跨界"杀手"**：有些看起来毫不相干的产品，由于能满足相同的需求，也可能跟你的产品构成竞争关系，甚至打败你的产品！跨界"杀手"特别需要行业领先者警惕。跨界"杀手"的案例屡见不鲜：柯达胶卷 vs 数码相机，数码相机 vs 智能手机，ATM 机 vs 移动支付，方便面 vs 外卖……

（4）参照品

参照品是指跟你的产品可能没有竞争关系，但是值得你学习借鉴的产品。比如,钢琴少儿培训机构与舞蹈培训机构没有直接竞争关系,但可以学习对方的招生策略、运营推广方式。当然它们之间也可以考虑异业合作。

参照品可以跨界去找,很多创新是通过跨界学习借鉴而来的。例如,微信红包是从国内过年发红包的传统中得到的启发;婴儿保温箱的发明是从小鸡孵化器得到的创新灵感;可口可乐可以学习借鉴江小白的文案设计、营销方式。

2. 竞品初选

根据竞品分析的目的初步选择竞品,竞品分析的目的不同,要选择的竞争对手也会不同。

当竞品分析的目的是"决策支持"或"预警避险"时,可以从"品牌竞品、品类竞品、替代品"中寻找竞品,具体选择原则如下:

(1) 市场份额

取同一个目标市场中市场份额比较大的前几名,特别是排名第一位、第二位的产品。

如果产品的形式是 App,可以参考软件下载排行榜、App Store 或其他软件发布渠道的排行榜来选择。

(2) 大公司背景

有的同类产品虽然当前不够成熟,但如果有大公司背景,很有可能迅速做大,所以不能忽视。

在米聊第一版发布后的一次聚餐中,提及腾讯时,雷军曾这样说:"如果腾讯介入这个领域,那米聊成功的可能性就会被大大降低,介入得越早,我们成功的难度越大。据内部消息,腾讯给了我们3个月的时间。"

可惜2个月之后腾讯就发布了微信,而米聊逐渐退出市场。

(3)用户反馈

针对我们产品要满足的需求,我们的目标用户选择了哪些产品来满足那些需求?哪些产品的用户数量最大?哪些产品最受用户欢迎?

(4)跨界替代品

如果你的产品处于市场领先地位,除了关注同类竞争者外,还要保持警惕,关注跨界竞争对手。

当竞品分析的目的是"学习借鉴"时,可以从"品牌竞品、品类竞品、参照品"去寻找竞品,具体选择原则如下:

(1)市场份额

品牌竞品、品类竞品当中市场份额领先的竞争对手,其能够领先必有过人之处,要善于从领先的竞争对手身上学习。

(2)跨界参照品

跨界参照品可以给我们产品设计方面的启发,帮助我们进行产品设计方案的创新。

例如,如果你要做智能手环产品,你会学习借鉴哪些产品?

我们通常会想到小米手环、苹果手表、华为手环等产品作为竞品进行学习借鉴,但是,如果仅仅局限于这些竞品,会导致思维的局限性,做出的产品跟竞品会相差不多。如果跨界去寻找参照品,也许会产生不一样的创新点,使产品更有竞争力。

华为 B2 手环(如图 2-7 所示)的佩戴方式、材质、手感与机械表一样,就是跨界嫁接创新的表现。

另外,机械表还有一个非常独特的优点:不需要充电。如果能借鉴这一点做出永远不需要充电的手环,将是一个很有吸引力的独特卖点。这一卖点对养宠物的人来说很有吸引力,主人容易忘记给宠物手环充电,不需要充电的手环就可以解除这一后顾之忧。

图 2-7 华为 B2 手环

例如,为云笔记产品设计"登录"功能时,你会学习借鉴哪些产品?

1)借鉴同类产品的"登录"功能,如 Evernote、有道笔记等;
2)借鉴其他用户数多的"国民级"产品,如微信、QQ 等;
3)如果想做功能创新的话,还可以借鉴跨界参照品,如指纹识别、声纹识别、脸部识别、刷卡、密码键盘、网银等。

(3)产品鼻祖

产品鼻祖就是最早开创某一产品品类的产品,例如,微博类产品的鼻祖是 Twitter;团购类产品的鼻祖是 Groupon;移动支付的鼻祖是PayPal；手机红包的鼻祖是微信红包，其灵感来源是实物红包，这是中国原创的。

为什么要选择产品鼻祖做竞品呢？该产品之所以能成为鼻祖，是因为它率先满足了特定用户群的某种需求，研究它有助于我们更深入地理解用户、理解需求，有助于我们抓住该产品的关键成功因素。

例如，在Twitter问世之前已经有成熟的博客产品，但为什么Twitter还可以异军突起呢？ Twitter产品的关键成功因素是什么？是能够用140个字符发表用户状态吗？

140个字符的限制只是表面现象，更深入地挖掘，我们会发现，140个字符的限制把用户发表状态的门槛大大降低了。

写一篇几千字的博客对大多数用户来说门槛太高了，而140字以内的内容大多数人都可以轻松地写出来，所以用户的参与感很高，Twitter也因此流行起来。

可见，Twitter这个产品鼻祖的关键成功因素是降低用户的参与门槛。

微信的朋友圈进一步降低了用户的参与门槛，不需要文字也可以发朋友圈，它甚至把发表纯文字的入口都隐藏起来，需要长按发表状态的图标才可以。

3. 竞品精选

2.2.1节开始介绍了竞品的4个种类——品牌竞品、品类竞品、替代品、参照品，以及具体的选择原则，但这样初选出来的竞品数量仍会比较多，我们不可能也没有必要去逐个进行深入分析，所以接下来，我们要从大量初选竞品中精选重点竞品进行深入分析。

不能跳过"竞品初选"的步骤！

不要凭直觉直接选择竞品，这样容易遗漏重要的竞品，很多产品之所以失败就是因为对竞争对手"看不见""看不起""看不懂""来不及"。

在工作实践当中，通常需要从初选竞品中选择3个左右的竞品进行深入分析。那到底该选择哪些竞品进行深入分析呢？其实这是优先级的问题。

请思考一个问题：上述4种竞品——品牌竞品、品类竞品、替代品、参照品，你认为它们的优先级是怎样的呢？

表面看起来，竞品带来的威胁程度依次为品牌竞品 > 品类竞品 > 替代品 > 参照品，所以你可能会认为选择竞品的优先级顺序也是品牌竞品 > 品类竞品 > 替代品 > 参照品。

其实不然，根据竞品分析的目的、产品的不同阶段、产品所处的竞争地位，它们的优先级是不同的。

也就是说，要根据具体情况来确定，没有统一的原则。

下面列举几个典型场景供读者参考：

- 如果你做的产品处于竞争激烈的"红海"，已有很多"品牌竞品"，若你的产品在市场上排名第4位，你要制定竞争策略超越对手，那一般会选品牌竞品的前3名。

- 如果你的产品在同类产品中遥遥领先，竞品分析目标是监测对手并预警，除了注意品牌竞品中排行第 2 位的产品，防止被超越，还要考虑从"品类竞品""替代品"中寻找潜在竞争对手，特别是"替代品"中的"跨界杀手"。
- 如果你的产品还没开始生产，现处于立项阶段，那么挑选竞品时，眼界可以放宽一点，"品牌竞品""品类竞品""替代品"都可以考虑，关键是看看有哪些产品解决了用户的相同需求。
- 如果你的产品具备"礼品""奖品"的属性，则要考虑"预算竞争者"。
- 如果你的竞品分析的目的是学习借鉴，最好选不一样的竞品种类，因为同一类产品通常同质化现象很严重，选其他竞品种类更有可能激发新的想法。

对精选出来的竞品要做深入分析，但并不是说其他初选出来的竞品就不用关注了。须知，行业环境与市场环境在动态变化，竞品也是动态变化的。我们在不同阶段做竞品分析时选择的竞品可能是不同的，现在的竞品是 A，未来的竞品可能是 B，所以，对其他初选出的竞品也要保持关注、定期回顾，时刻关注市场的变化并对选择的竞品及时做出调整。

2.2.2 案例

在 2.2.1 节的案例部分介绍了案例的背景、竞品分析的目标，接下来就要选择竞品了。

竞品分析的目标是提高产品的市场占有率，所以选择竞品时，我们选取了市场份额的前 3 强，如图 2-8 所示。

竞品画布 你的产品名称：移动交换机 VMSC

【1. 分析目标】 产品所处阶段：市场推广 目前产品面临的最大的问题与挑战： 在国内市场占有率低于 15% 分析目标：通过竞品分析找到产品市场占有率低的原因，并提出竞争策略，提高产品在国内的市场占有率	【5. 优势】与竞品相比，你的产品有哪些优点？（tips：可以结合分析维度）	【6. 劣势】与竞品相比，你的产品有哪些缺点？
【2. 选择竞品】竞品名称、版本及选择理由 爱立信 MSC 诺基亚 MSC 西门子 MSC 选择理由：市场份额前 3 强	【7. 机会】有哪些外部机会？	【8. 威胁】有哪些外部威胁？
【3. 分析维度】从哪几个角度来分析竞品？例如，功能、市场策略……（tips：结合产品阶段与分析目标来确定分析维度）	【9. 建议与总结】通过竞品分析，对你的产品有什么建议？采取什么竞争策略？得出了哪些结论？（tips: 要考虑可操作性）	
【4. 收集竞品信息】你打算从哪些渠道收集竞品信息？		

图 2-8 竞品画布案例

2.2.3 练一练

选择你工作中正在做或熟悉的产品，对其进行竞品分析，在 2.1.5 节的竞品画布中补充第二部分，如图 2-9 所示。

2.2.4 要点小结

- 选择不同的对手会得到不同的竞争策略，获得的分析结论也会差别很大。
- 竞品的种类分为品牌竞品、品类竞品、替代品、参照品。
- 根据竞品分析的目的初步选择竞品，竞品分析的目的不同，选择的竞品也可能不同。
- 行业领先者要特别警惕"跨界杀手"。

竞品画布　你的产品名称：　　　　作者：

【1.分析目标】为什么要做竞品分析？希望为产品带来什么帮助？你的产品所处阶段：目前你的产品面临的最大的问题与挑战：竞品分析目标：	【5.优势】与竞品相比，你的产品有哪些优点？（tips：可以结合分析维度）	【6.劣势】与竞品相比，你的产品有哪些缺点？
【2.选择竞品】竞品名称、版本及选择理由	【7.机会】有哪些外部机会？	【8.威胁】有哪些外部威胁？
【3.分析维度】从哪几个角度来分析竞品？例如，功能、市场策略……（tips：结合产品阶段与分析目标来确定分析维度）	【9.建议与总结】通过竞品分析，对你的产品有什么建议？采取什么竞争策略？得出了哪些结论？（tips：要考虑可操作性）	
【4.收集竞品信息】你打算从哪些渠道收集竞品信息？		

图 2-9　竞品画布练习

- 参照品可以跨界去找，很多创新是通过跨界学习借鉴而来的。
- 竞品的数量不是越多越好，抓住重点竞品进行深入分析即可。
- 不能跳过"竞品初选"的步骤！不要凭直觉直接选择竞品，这样容易遗漏重要的竞品。
- 很多产品之所以失败就是因为对竞争对手"看不见""看不起""看不懂""来不及"。
- 竞品是动态变化的，在产品的不同阶段做竞品分析，选择的竞品可能是不同的。

2.3 确定分析维度——多维视角

"五事七计"是《孙子兵法》提出的决定战争胜负的基本因素。"五事"即"道、天、地、将、法",分别指政治、天时、地利、将帅素质、军事体制 5 个方面。而"七计"是由"五事"演绎而来的,指从 7 个方面即双方政治清明、将帅素质、天时地利、法纪严明、武器优良、士卒训练有素、赏罚公正来分析敌我双方的情况。孙子曰:"吾以此知胜负矣。"

可以说,"五事七计"是孙子评估战争胜负的分析维度。

选择竞品后,接下来就要确定竞品的分析维度了。竞品的分析维度就是指我们从哪些方面、哪些角度来分析竞品。这个步骤的关键词是"多维视角",如图 2-10 所示。

图 2-10 竞品分析的 6 个步骤

我们看问题不要片面，如果看问题时缺失一些维度，看得不全面，对事物的理解就会比较片面。

在进行竞品分析时，也是如此。有些竞品分析报告都只是从功能设计进行分析，看到某个竞品成功后就去分析该竞品的功能，并试图把其功能加到自己的产品中。由于缺乏分析的广度，就像盲人摸象一样，看不到竞品的全局情况，或缺乏分析的深度，只看到竞品的表象，这样的竞品分析往往停留于表面，移植过来的竞品功能也会"水土不服"。

为了避免犯"盲人摸象"的错误，接下来我们从产品和用户两个视角介绍竞品分析维度。

2.3.1 产品视角

产品视角是从影响一个产品成败的因素进行分析，包括但不限于：

- 功能；
- 用户体验设计；
- 团队背景；
- 技术；
- 市场推广；
- 战略定位；
- 用户情况；
- 盈利模式；
- 布局规划；

- ……

这些分析维度是为了回答以下几个问题:

- 竞品做得怎样?涉及功能、用户体验设计等维度。
- 竞品是如何做到的?涉及团队背景、技术、市场推广等维度。
- 竞品为什么这么做?涉及战略定位、用户情况、盈利模式等维度。
- 竞品下一步会怎么做?涉及布局规划等维度。

下面我们逐一介绍每个分析维度的分析要点。

1. 功能

1)亲自体验竞品,快速了解主要功能。

2)抓住关键功能进行功能拆解,可以拆解出 1 级功能、2 级功能,甚至 3 级功能。

3)做功能对比与分析,如图 2-11 所示。

一级功能	二级功能	竞品 1	竞品 2	竞品 3
模块 1	功能 1	√	√	√
	功能 2		√	√
模块 2	功能 3	√		√
	功能 4		√	√
	功能 5	√	√	

图 2-11 功能对比与分析

2. 用户体验设计

分析用户体验设计时，主要从交互设计、信息架构、UI 设计等方面对竞品进行评估。

因为用户体验是指用户主观的感受，所以这部分的评估采用打分制。例如，5 分表示非常好，3 分表示一般，1 分表示很差。也可以用打星的数量代表分数，如图 2-12 所示。

评测项目	评测子项目	竞品 1	竞品 2	竞品 3
用户体验设计	页面布局	5	5	3
	页面色彩	4	3	4
	logo 设计	5	4	3
	内容质量	4	3	5
	内容数量	4	4	5

图 2-12　用户体验设计评估

这里的评分不是绝对分数，而是一个主观的评价。由于该分数的信度和效度还要考虑到样本的数量和代表性（如用户的背景、分布情况等），不具备统计学意义，所以这个分数仅用作对比参考，反映产品用户体验设计的相对水平，这也从一定程度上体现了产品的竞争力。

3. 团队背景

团队背景通常需要从以下几个方面进行考察：

- **人才构成**。例如，竞品团队中运营人员的能力比较强，则竞品在运营方面可能会有优势。
- **资金优势**。例如，竞品公司刚融到一大笔资金，则短期内不必担心盈利问题,可以安心先把产品做好,产品的推广力度可能也会更大。

- **资源优势**。例如,竞品借助公司已有的平台、用户、口碑等资源优势,可以快速将初期用户积累起来。
- **技术背景**。例如,如果竞品团队的技术背景很强,拥有核心技术、技术专利,做出的产品可能会有技术优势。

4. 技术

这一维度主要是研究竞品采用了哪些关键技术来提升用户体验,该技术是否申请了专利、是否有技术壁垒等。还可以收集竞品的技术合作伙伴信息及其技术变革史帮助分析。

例如,从 QQ 的介绍页面(如图 2-13 所示)可以看出 QQ 采用了 GIPS 语音引擎技术,该技术使 QQ 的语音通话质量达到一流水准。

著名的语音聊天工具 Skype 所使用的语音引擎也是 GIPS,如果你做的产品包含语音通话功能,也可以考虑使用 GIPS。

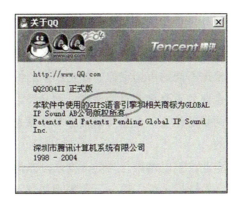

图 2-13　QQ 介绍页面

5. 市场推广

研究竞品的市场推广策略时，可以采用经典的营销组合策略 4P 框架，如图 2-14 所示。

图 2-14　营销组合策略 4P

在市场营销中，4P 是指产品（Product）、价格（Price）、渠道（Place）、促销（Promotion），4P 理论是营销策略的基础。

- **产品**。注重开发功能，要求产品有独特的卖点。
- **价格**。根据不同的市场定位，制定不同的价格策略。
- **渠道**。企业并不直接面对消费者，而是注重经销商的培育和销售网络的建立，企业与消费者的联系是通过经销商建立起来的。
- **促销**。企业注重以销售行为的改变来刺激消费者，以短期的行为（如打折、买一送一、营销现场气氛等）吸引其他品牌的消费者或引导提前消费来促进销售额的增长。

6. 战略定位

按照迈尔斯和斯诺提出的战略框架，企业的战略类型分为 4 种，即防御者、探索者、分析者、反应者，如图 2-15 所示。

防御者
在稳定的市场中维护市场份额

探索者
成为某方面的领头羊，寻求增长，敢冒风险

分析者
快速跟随，注重微创新

反应者
只有在遭遇威胁时才有所反应

图 2-15　迈尔斯和斯诺提出的企业战略框架

企业的战略会影响产品战略（如图 2-16 所示），从竞品的企业战略可以推测出竞品的产品战略。

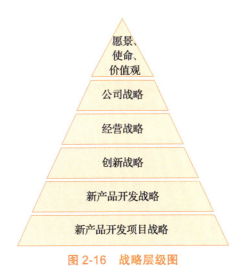

图 2-16　战略层级图

7. 用户情况

这一维度主要关注竞品以下几个方面的问题：

- 竞品的目标用户是谁？有哪些关键特征？与自己产品的目标用户群一致吗？
- 竞品的用户数据，包括活跃用户数、付费用户数、ARPU值等。
- 用户对竞品优、劣势的看法。
- 用户喜欢产品的哪些功能？不喜欢产品的哪些功能？

8. 盈利模式

简单来说，盈利模式就是分析产品是怎么赚钱的。

盈利模式 ≠ 商业模式。经常看到一些文章提到商业模式，根据上下文内容来推测，实际上作者指的是盈利模式。

商业模式包含3个方面，创造价值、传递价值、获取价值，而盈利模式是获取价值。也就是说，**商业模式包含了盈利模式**。

盈利模式，即研究竞品主要靠什么方式挣钱、是否有值得借鉴的地方，也可以在制定竞争策略时作为参考。

互联网产品典型的盈利模式有以下几种：

- **付费**。例如，App Store上的付费App。
- **免费增值**。基础功能免费，增值服务收费。例如，迅雷、QQ、网盘、游戏，软件本身可以免费使用，但要使用高级功能、增值服务就要付费。
- **诱钓**。也称为剃刀与刀片模式，通过廉价甚至免费的产品来促进用户在未来重复购买相关产品。吉列剃须刀率先使用这种盈利模式，它的剃须刀架是免费的，主要靠剃须刀片挣钱。后来被很多硬件厂商借鉴，如打印机（打印机低价，靠墨盒耗材挣钱）、小米手机（手机低价，靠配件与服务挣钱）等。
- **广告**。例如，今日头条、百度搜索、360导航等。
- **电子商务**。例如，京东、当当、小红书等。
- **渠道分成、佣金**。例如，苹果的App Store、中介平台等。
- **沉淀资金**。这种盈利模式比较隐蔽，有的平台利用用户在平台上的留存资金（即沉淀资金）投资赚取收益，一些电商平台用账期压供应商货款从而用这些沉淀资金赚钱。

以上这些盈利模式都有个共同的前提：用户量要足够大，这样盈利模式才有效。所以很多互联网公司的策略都是先跑马圈地、扩大用户量再想办法挣钱。

9. 布局规划

我们现在做竞品分析时看到的是竞品当前甚至以前的状况，若我们做完竞品分析并制定竞争策略后再去做产品，等产品发布上线后可能时间已经过了半年，这时竞品可能早已升级换代，不再是以前的竞品了！

要用发展的眼光看竞品，不要把现在的竞品当成你的产品发布时会遇到的竞争对手！

做竞品分析时，就像下棋不要只看到棋盘当前的格局一样，要往后多考虑几步，猜测对手后面几步的策略。也就是说，在做竞品分析时，要通过分析竞品的布局规划，猜测竞品下一步会做什么、下一步将如何做。

竞品的布局规划可以通过竞品公司的招聘信息、融资、收购、专利申请、财报等进行推测。

以上介绍了从影响产品成败的要素，也就是产品视角来选择竞品分析维度的方法。此外，还可以从用户的视角来选择竞品分析维度。

2.3.2 用户视角

用户视角就是站在用户的角度，看用户在选择产品时会关注哪些方面。

我们可以从用户视角进行竞品分析，对比评估我们的产品与竞品的竞争力，并制定竞争策略。

从用户视角进行竞品分析时可以使用 $APPEALS 方法这一分析工具（如图 2-17 所示）。$APPEALS 方法是 IBM 在 IPD 方法论中总结出来的客户需求分析的一种方法。它从 8 个方面对产品进行客户需求定义和产品定位，即 $- 价格（Price）、A- 可获得性（Availability）、P- 包装（Packaging）、P- 性能（Performance）、E- 易用性（Easy to Use）、A- 保险性（Assurances）、L- 生命周期成本（Life Cycle of Cost）、S- 社会接受程度（Social Acceptance）。

1. $- 价格

这个要素反映了客户希望为一个满意的产品/服务支付的价格，主要根据以下方面进行评估：技术、低成本制造、物料、人力成本、制造费用、经验、自动化程度、简易性、可生产性等。

$价格 价格比较	A可获得性 购买过程	P包装 视觉比较	P性能 规格比较
原材料 生产成本 人力成本 管理成本 库存 废料 ……	渠道 交货期 广告 订购 销售 行销 ……	界面设计 布局 尺寸 风格 颜色 结构 ……	速度 功能 规格 容量 精确度 多功能性 ……
E易用性 感觉比较	A保险性 顾虑和响应	L生命周期成本 真实成本比较	S社会接受程度 其他方面的影响
可用性 安装 升级 图形化 显示 人类工程学 文档	可靠性 可维修性 保证 质量 安全性 稳定性 完整性	寿命 磨损 正常运行时间 服务 备件 能源 操作成本	品牌 安全 保密 顾问 社会责任 环境的影响 法律关系

图 2-17　$APPEALS 方法

2. A- 可获得性

这个要素描述了客户能否方便地获得产品与服务。该要素考虑整个购买过程的便利程度，包括预售的技术支持和示范、购买渠道/供应商选择、交付时间、客户订制能力等。

3. P- 包装

这个要素描述了用户期望的产品设计质量、特性和外观等视觉特征。对于包装的考虑应该包括样式、模块性、集成性、结构、颜色、图形、工艺设计等方面。

4. P- 性能

这个要素描述了用户对这个产品的功能和特性的期望。产品的工作性能怎样？产品是否具备所有的必需的和理想的特性？它是否提供更好的性能？这一要素从客户角度来衡量，如速度、功率、容量等。

5. E- 易用性

这个要素描述了产品的易用属性，主要考虑客户对产品的舒适度、学习便利性、文档、支持、人性化显示、输入/输出、接口、直观性等方面的要求。

6. A- 保险性

这个要素通常反映了产品在可靠性、安全性和质量方面的保证。它包括保证、鉴定、冗余度和强度几个方面的要求。

7. L- 生命周期成本

这个要素描述了客户在使用产品时整个生命周期的成本，主要考虑安装成本、培训成本、服务成本、供应成本、能源效率、价值折旧、处理成本等。

8. S- 社会接受程度

这个要素描述了影响客户做出购买决定的其他影响因素，主要考虑口头言论、第三方评价、顾问的报告、形象、政府或行业的标准、法规、社会认可、法律关系、产品义务等对用户购买决定起了怎样的促进作用。

$APPEALS 方法提供了一个分析框架，我们还可以根据不同的产品类型对各个维度进行细分。例如，汽车产品的 $APPEALS 分析框架，如图 2-18 所示。

$价格 价格比较	A可获得性 购买过程	P包装 视觉比较	P性能 规格比较
裸车价 税收 保险 付款、贷款条件 杂费	4S店数量 到货时间 上牌便利性 能否摇到号	外观 内饰 颜色 改装	动力 百公里加速时间 重量 空间 乘坐人数 安全配置
E易用性 感觉比较	A保险性 顾虑和响应	L生命周期成本 真实成本比较	S社会接受程度 其他方面的影响
操控性 舒适性 视野 人机工程 气味	售后服务（索赔、维修、保养等） 保险 安全性	燃油费 保养费 保险费 过路费 停车费	品牌 厂家所在国 与身份、地位、使用场合的匹配度 环保程度

图 2-18 汽车产品的 $APPEALS 分析框架

以上是从产品视角、用户视角介绍了常见的分析维度。

产品视角从产品的成功因素进行分析，常见的分析维度如下：功能、用户体验设计、团队背景、技术、市场推广、战略定位、用户情况、盈利模式、布局规划。

用户视角从用户选择产品时所关注的方面进行分析，以 $APPEALS 作为分析框架。

上述分析维度加起来有近 20 种，我们不需要对这么多分析维度逐一进行分析，可以把这些分析维度当作检查清单（Check List），避免遗漏，也用于提醒我们不要局限于"功能、设计"这些分析维度。

2.3.3 如何选择分析维度

选择分析维度时，不需要面面俱到。可以根据竞品分析的目标、产品的关键成功因素选择一些维度进行重点分析。

1. 分析维度是由竞品分析的目标决定的

例如，笔者在做一个企业级 OA 产品时，客户希望增加一个类似微信朋友圈的"同事圈"功能，竞品分析目标是学习借鉴微信朋友圈的设计，分析维度是"用户情况""功能""交互设计""信息架构""UI 设计"，笔者打算从这几个方面来分析微信朋友圈，来帮助笔者设计"同事圈"。

在产品的运营推广阶段，我们的企业级 OA 产品是面向中小型企业的，每个客户都是独立安装部署，运维成本很高，老板希望将其改成 SaaS 模式，以降低成本。

而企业级 SaaS 产品的运营与互联网产品的运营差异很大，我们在这方面缺乏经验，希望学习一下业界的优秀案例。竞品分析目标是学习借鉴企业级 SaaS 产品的运营推广方法，我们选择了这一领域的明星产品 Teambition 作为参照品，分析维度是营销组合策略 4P（产品、价格、渠道、促销）、盈利模式。

2. 不同的产品类型，分析的侧重点也会不同

2.3.1 节和 2.3.2 节的分析维度有近 20 种，但并不是"分析维度大全"。在实际的竞品分析工作中，并不限于这些分析维度，你可以根据自己的分析目标、产品类型增加新的分析维度。

互联网产品（to C）与企业级产品 / 行业应用（to B）有很大

的差异性,如表 2-2 所示。简单来说,互联网产品是"让用户爽",企业级产品是"让客户赢"。

表 2-2 互联网产品(to C)与企业级产品/行业应用(to B)的差异

差异点	互联网产品(to C)	企业级产品/行业应用(to B)
受众	大众用户(使用者)	客户(付费者)
核心竞争力	产品	产品、关系、潜规则、渠道
决策方式	个人决策、较感性(Heart)	团队决策、较理性(Head)
产品的关键	让用户爽	让客户赢
盈利模式	以免费为主	收费
最终用户	用户多样化、跨度大	用户群体较明确,通常可以按岗位、角色划分。但干系人更复杂(如医疗行业)
需求	面向用户的痛点。需求不明确,需要探索挖掘需求,在试错中不断接近正确方向	面向客户的痛点。尽管有需求变更,但需求范围基本都有合同约定
开发模式	快速迭代、敏捷	重型流程(源于上述"需求"的差异)
开发周期	短(往往以周为单位,很多互联网产品 1 周更新一个版本)	长(往往以月、年为单位)
产品侧重点	用户体验(简单、易学、易用、UI 美观……)	功能、效率、安全性、稳定性、可靠性
产品形式	多样化	表格、表单、菜单、流程、权限……
产品规模	小而美	大而全
行业领域	按应用类型区分,如工具、娱乐、电商……	按照行业区分,如银行、电力、政府、医院……
市场	开放竞争	半开放(政策准入、政策扶持、准入许可)
包袱	无包袱	要考虑系统集成与遗留系统的整合
用户黏性	转换相对容易,对产品不满意的话,动动手指就转向竞争对手	转换困难,对产品不满意也只能忍受。使用者没有选择产品的权利
口碑传播与渠道	社交圈,可以快速传播、扩散	行业内,较局限;离不开客户关系、渠道,难以规模化、批量复制

当你做不同类型产品的竞品分析时，要注意到这些差异性，并据此调整分析的侧重点。

企业级产品不是将产品本身交付给客户就够了，还要提供一系列支持与服务，帮助客户顺利地使用产品，让产品发挥其价值。

对于企业级产品来说，产品即服务，因此要交付的是整个产品包，而不仅仅是产品本身。所以我们在分析企业级产品时，就不能只分析产品本身，而要站在"产品即服务"的高度，选择相应的分析维度去分析竞品的"产品包"，如图2-19所示。

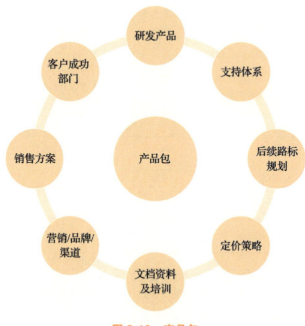

图2-19　产品包

3. 产品的关键成功要素不同，分析的侧重点也会不同

不同的产品类型，关键成功要素是不同的，比如，电商产品会比较关注物流、支付；餐饮行业会比较关注地段、菜品等。

我们需要根据不同类型产品的关键成功因素进行分类，如图 2-20 所示。

- **运营驱动**。大型的产品如淘宝、滴滴打车，发展中的产品如 58 到家、摩拜单车等，这种产品交互敏感性低，效率敏感性高。也就是说，要使这种产品成功，不是把产品 App 本身的使用体验打造到极致就可以，运营会更关键。
- **技术驱动**。像讯飞输入法、无人驾驶汽车、搜索引擎等产品，技术门槛比较高，技术是关键成功要素。
- **体验驱动**。很多工具类产品，像墨迹天气、有道云笔记、美图秀秀等，交互敏感性高，用户更看重使用体验。
- **资源驱动**。像 12306 这样有垄断资源的产品，或 QQ 和航旅纵横等拥有关键数据资源的产品，就构成了竞争壁垒。

图 2-20 产品的关键成功要素

在选择竞品的分析维度时，要结合产品的关键成功因素进行重点分析。

2.3.4 案例

接 2.2.3 节的案例，H 企业做竞品分析的目标是提高市场占有率，所以要从用户视角选择 $APPEALS 框架作为分析维度，如图 2-21 所示。

竞品画布　你的产品名称：移动交换机 VMSC

【1. 分析目标】 产品所处阶段：市场推广 目前产品面临的最大的问题与挑战：在国内市场占有率低于 15% 分析目标：通过竞品分析，找到产品市场占有率低的原因，并提出竞争策略，提高产品在国内的市场占有率	【5. 优势】与竞品相比，你的产品有哪些优点？（tips: 可以结合分析维度）	【6. 劣势】与竞品相比，你的产品有哪些缺点？
【2. 选择竞品】竞品名称、版本及选择理由 爱立信 MSC 诺基亚 MSC 西门子 MSC 选择理由：市场份额前 3 强	【7. 机会】有哪些外部机会？	【8. 威胁】有哪些外部威胁？
【3. 分析维度】从哪几个角度来分析竞品？ $APPEALS 选择理由：因为分析目标是提高市场占有率，所以从用户视角来选择分析维度	【9. 建议与总结】通过竞品分析，对你的产品有什么建议？采取什么竞争策略？得出了哪些结论？（tips: 要考虑可操作性）	
【4. 收集竞品信息】你打算从哪些渠道收集竞品信息？		

图 2-21　竞品画布练习

2.3.5 练一练

选择你工作中正在做或熟悉的产品，对其进行竞品分析，在 2.1.5 节的竞品画布中补充第 3 部分（如图 2-22 所示），写出分析维度后，尽量写出选择分析维度的理由。

竞品画布 你的产品名称：		作者：
【1. 分析目标】为什么要做竞品分析？希望为产品带来什么帮助？ 你的产品所处阶段： 目前你的产品面临的最大的问题与挑战： 竞品分析目标：	【5. 优势】与竞品相比，你的产品有哪些优点？（tips：可以结合分析维度）	【6. 劣势】与竞品相比，你的产品有哪些缺点？
【2. 选择竞品】竞品名称、版本及选择理由	【7. 机会】有哪些外部机会？	【8. 威胁】有哪些外部威胁？
【3. 分析维度】从哪几个角度来分析竞品？例如，功能、市场策略…… （tips：结合产品阶段与分析目标来确定分析维度）	【9. 建议与总结】通过竞品分析，对你的产品有什么建议？采取什么竞争策略？得出了哪些结论？（tips：要考虑可操作性）	
【4. 收集竞品信息】你打算从哪些渠道收集竞品信息？		

图 2-22 竞品画布练习

2.3.6 要点小结

- 可以从产品视角或用户视角来做竞品分析。
- 产品视角从产品的成功因素进行分析：功能、设计、技术、市场、战略定位等。
- 用户视角从用户选择产品时关注的方面进行分析，以 $APPEALS 作为分析框架。
- 可以把产品视角或用户视角列出的分析维度当作检查清

单，以免遗漏。
- 不同的产品类型，其分析维度也不同。
- 产品即服务。
- 产品的关键成功要素不同，其分析维度也会不同。
- 分析维度不需要面面俱到，根据竞品分析的目标、产品的关键成功因素进行重点分析。

2.4 收集竞品信息——网罗天下

确定竞品分析维度之后，接下来就要收集这些维度的竞品信息了，这个步骤的关键词是"网罗天下"，如图2-23所示。

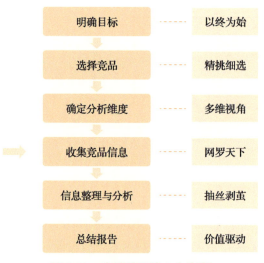

图 2-23　竞品分析的 6 个步骤

在进行竞品分析前，先做好以下心理准备：

- 获取竞品信息的方式没有秘籍可言。可能你知道的竞争对手也都知道。
- 有些信息能否获取到，取决于你想付出多大代价。
- 不是所有竞品信息都可以获取到的。
- 要学会在信息不充分的情况下做竞品分析、做决策（如图 2-24 所示）。就像战争，等你信息收集齐全后再行动可能会延误战机。

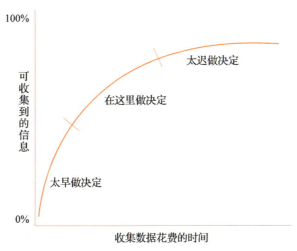

图 2-24　收集信息与做决定的时机

2.4.1　竞品信息的来源

1. 按照获取方式分类

竞品信息来源可以按获取方式分为竞品官方公开资料、第三方渠道、自己动手收集的第一手资料。

（1）竞品官方公开资料

目前竞品官方公开资料一般包括：

- 官网、官方微博、官方公众号；
- 媒体报道、CEO 访谈、高管微博；
- 产品下载、产品文档、FAQ、用户论坛、用户交流群、客服热线；
- 产品广告、产品发布会、展览会、推广活动；
- 公司财报、财报解读；
- 招聘广告；
- 内部出版物。

（2）第三方渠道

常用的第三方渠道包括：

- 行业媒体、行业协会；
- 线下行业峰会、展销会；
- 公司内部渠道（销售部、市场部、运营部、战略部门、情报部门、管理层）；
- 第三方评测机构；
- 第三方数据库；
- 合作伙伴、供应商；
- 搜索引擎；
- 专利机构；
- 证券交易所、投资银行的报告；
- 政府部门的统计资料；
- 案例研究和论文。

（3）自己动手收集的第一手资料

当然，也可以自己搜集第一手资料，包括：

- 亲自体验；

- 实地考察；
- 用户访谈；
- 问卷调查；
- 反向工程。

2. 按照分析维度分类

根据不同的信息类型有针对性地选择收集渠道可以更有效地获得有价值的信息。

下面按照分析维度（信息类型）对竞品信息来源分类，如图 2-25 所示。

团队背景	・官方网站、微博 ・媒体报道、CEO访谈
战略定位	・产品发布会 ・高管透露、媒体报道 ・公司财报
产品对比	・亲自体验、第三方机构对比评测 ・官网介绍、用户论坛、客服热线、展览会 ・产品文档、FAQ、帮助文档
用户情况	・官方公布、官方论坛、微博粉丝、QQ群 ・第三方研究机构数据、搜索引擎 ・亲自访谈用户、调查问卷
盈利模式	・官方简介 ・财报、财报解读、高管讲话
市场推广	・高管访谈、广告、推广活动 ・微博、官网新闻、合作伙伴、销售人员
布局规划	・官网、财报、内部出版物 ・人才招聘、专利、收购 ・版本更新路线图、供应商
技术	・专利网站 ・反向工程 ・峰会、挖墙脚

图 2-25　按照分析维度选择信息来源

3. 竞品信息来源的说明

下面对几种竞品信息来源做重点介绍。

（1）行业媒体与社区

常见的 IT 行业媒体与社区如图 2-26 所示。

图 2-26　IT 行业媒体与社区

（2）常用的数据来源

常用的数据来源如表 2-3 所示，可以从中获取行业数据。

表 2-3　常用的数据网站

名称	网址	名称	网址
百度指数	http://index.baidu.com	友盟＋全域罗盘	http://compass.umeng.com
阿里指数	https://alizs.taobao.com	腾讯大数据	http://data.qq.com
易观智库	http://www.analysys.cn	艾瑞	http://www.iresearch.com.cn
CNNIC	http://www.cnnic.net.cn	TalkingData	https://www.talkingdata.com
流量指数	http://www.alexa.com	七麦数据	https://www.qimai.cn

（3）专利机构

专利检索及分析网站（如图 2-27）的网址为 http://www.pss-system.gov.cn/。

随着全球竞争的不断激化，对知识产权的保护日益严密，跟踪、研究、分析竞争对手的专利发明已成为获得竞争优势的一个重要手段。

图 2-27　专利检索及分析网站

通过对竞品公司的专利的数量和种类的分析，可以了解竞品公司对某项技术的兴趣和投入，以及其愿意继续进行探索的程度。

虽然专利本身提供了大量的技术和科学信息，但它们只是一些基本信息，如发明者、申请人、颁发日期、摘要、说明书和图纸等。

只有对这些基本信息进行深层次分析，才能得到更有价值的扩展信息，如技术信息、产业发展现状、技术发展的背景信息、对发明的详细描述、正在从事这些尖端工作的人员、处在技术前沿的国家、专利开发的时间长短、从研究开发到商业化的时间长短、重要性正在上升和下降的技术有哪些、从事类似研究或生产同样产品的公司之间的关系等。

下面是专利检索及分析的几个方面：

- 根据专利的时间与数量判断竞争对手的技术研发目标与方向；
- 根据专利申请成功率了解对手技术发展的进度；
- 根据国外专利申请数量判断对手涉及国际市场的深度与广度；
- 若竞争对手收购了其他领域的技术专利，意味着其要向该领域拓展；
- 通过与对手的专利数量与种类进行对比，了解竞争对手的技术特点与实力，以及自己的优势及劣势。

（4）反向工程

反向工程（Reverse Engineering 或 Back Engineering）也常被称为逆向工程，是很多技术人员都曾采用过的研发手段之一。反向工程是通过对拟破解的技术或产品进行逆向的分析和研究，逐步倒推、演绎出该产品或技术的原理、流程、结构、比例、规格等技术要素，然后在这些要素的基础上进行运用、仿制或新产品研发设计等。

反向工程的产生，与技术和知识产权壁垒有很大关系。由于国家、企业之间的技术封锁和保密性，其他国家和企业要想获知自己尚不具备的技术，通常用到的方法即反向工程。

反向工程的意义在于：

- 缩短产品开发周期；
- 鉴别产品设计的关键特点；
- 确定产品设计应当避免的错误；

- 建立产品标准；
- 测试当前产品的不足。

反向工程也可以用于保护自身的知识产权。比如，在发生知识产权诉讼时，企业在确定某个对手是否侵犯了自己的专利权或商业秘密时，可以通过采购相关产品进行反向工程的破解来寻找相关证据，这也是诉讼中经常发生的事。

反向工程已被应用于许多行业：家电、影像产品、工程设计、化工产品以及汽车制造，甚至软件行业。

例如，施乐的情报部门在做竞品分析时，购买了两台佳能复印机。其中一台正常使用中，用于监测佳能复印机在高强度使用下的表现并了解佳能售后电话服务的情况；另一台被拆开，用于分析产品的制造和装配情况。

（5）公司内部渠道

一个小孩在搬一块大石头，父亲在旁边鼓励他："孩子，只要你全力以赴，一定能搬起来！"最终孩子使出全身力气也没能搬起石头，他说："我已经尽全力了！"但父亲却告诉他："你没有全力以赴，因为我在你旁边，你都没请求我的帮助！"

这个小故事告诉我们，所谓"全力以赴"，除了自己拼尽全力，还要想尽所有办法，用尽所有可用资源。

当你发现自己的信息来源比较有限，获取不到想要的信息时，可以借助内部渠道获取。比如，向销售部、市场部、运营部、战略部、情报部或管理层寻求帮助，他们因为工作关系对外接触的范围可能更广，也许会带给你意想不到的收获。

每个企业的一线销售人员都处在市场前沿，他们有机会参加行业会议及商品展销会，他们更了解客户的想法，也更熟知竞争对手的一举一动。可是，虽然竞品分析所需要的信息就深藏在企业内部各个部门，但这些信息往往不会被记录在案以备查询。这就需要竞品分析人员建立相应的企业内部人脉，以熟悉企业内部各部门的信息搜集和储备情况。

在了解各部门的信息储备情况之后，可以通过访谈获得关键、重要的信息。组织员工座谈会，让员工充分发表自己的意见，以获得观点类的信息；也可以逐个访谈，以获取重要的未公开的信息。

（6）情报部门

对于有条件的公司，可以建立持续的情报信息收集部门或小组。一方面他们在信息检索与搜集方面可以做得更专业；另一方面他们相当于产品团队的眼睛，能使产品团队保持对外界的关注。

（7）亲自体验

看别人收集并加工好的报告虽然会节省时间，但远不如自己亲自体验竞品、与用户直接交流来得更加真实、直观。即使你身居高位，也建议你抽出时间自己亲自使用产品与竞品，与用户进行直接交流。

（8）非正式渠道

除了上述收集竞品信息的常规渠道，还有其他非正式渠道。

在通过常规渠道无法获得竞品信息时，可以使用非正式渠道作为补充。

特别是在做企业级产品的竞品分析时，企业级竞品不像互联网产品那样可以较容易地下载并体验，这时除了借助公司内部渠道的帮助外，还可以考虑从下列非正式渠道获取。

- **知乎**。通过知乎可以看到很多 IT 公司的产品、技术的相关内容，也可以看到很多讨论产品的话题，适合交流讨论，但需要对获取到的信息进行仔细甄别。
- **找规律**。
    - 一些产品中的订单号、流水号是有规律的，可以利用这个规律推测竞品一定周期内的订单量。
    - 通过竞品的更新频率与功能点分布情况，可以推测对方的开发力度。
    - 通过分析网站流量、网站内容更新速度、活动开展情况，可以了解对方的运营推广力度。
- **人脉**。通过人际关系网络收集信息。你的前同事、同学、朋友可能在各行各业任职。如果能找到曾在竞品公司任职的前员工，获取到有价值信息的可能性会更高。
- **全员情报员**。在公司层面鼓励员工主动关注并收集竞品与行业信息，对关键主题可以有奖征集情报线索。

还有一些非正式渠道可能会违反商业道德，影响公司的形象与口碑，甚至触碰法律底线，不要用。下面列出几个，目的是想提醒你，竞争对手可能会通过这些方式对付你。关于如何防范竞争对手，在 6.4 节会详细讲解。

- **套话**。假装成客户，打电话向竞品的客服套话，以了解竞品新功能的推出时间。
- **假招聘**。利用假招聘手段，约竞品公司的技术骨干面聊，以此了解到竞品的技术方案。
- **假合作**。利用假合作的手段拿到竞品的所有产品设计文档。
- **假招标**。借助关系好的客户发起假招标，成功拿到竞品的产品样机与文档。
- **无间道**。有通信巨头企业之间互相安插商业间谍。在招投标会议上有竞争对手伪装成客户内部人员参加会议获取机密信息。
- **暗道**。有公司在产品中留有暗道，收集竞品的产品数据。
- **挖墙脚**。从竞品公司挖核心骨干成员。
- **垃圾桶与废弃物**。曾有公司通过专门派人收集竞品公司的垃圾桶与废弃物发现竞品产品策划文档的案例。缺乏保密意识的员工在开完产品策划会议后把资料随手扔到垃圾桶，后来被统一运到公司门口的大垃圾桶，被别有用心的对手收集分析，最后导致他们的新产品还没上市就被对手抢先一步，而且刚上市就被对手针对性地打压。

2.4.2　案例

接2.3.4节的案例，由于本案例是从用户视角进行分析的，所以收集竞品信息时，是通过用户访谈调研，请客户对各个竞品按照$APPEALS分析维度进行打分。在竞品画布中填写收集竞品信息的有效方式，如图2-28所示。

请多个客户对各个竞品按照$APPEALS分析维度进行打分，并对分数加权平均，结果如图2-29所示。

竞品画布　你的产品名称：移动交换机 VMSC

【1. 分析目标】 产品所处阶段：市场推广 目前产品面临的最大的问题与挑战： 在国内市场占有率低于 15% 分析目标：通过竞品分析，找到产品市场占有率低的原因，并提出竞争策略，提高产品在国内的市场占有率	【5. 优势】与竞品相比，你的产品有哪些优点？（tips：可以结合分析维度）	【6. 劣势】与竞品相比，你的产品有哪些缺点？
【2. 选择竞品】竞品名称、版本及选择理由 爱立信 MSC 诺基亚 MSC 西门子 MSC 选择理由：市场份额前 3 强	【7. 机会】有哪些外部机会？	【8. 威胁】有哪些外部威胁？
【3. 分析维度】从哪几个角度来分析竞品？ $APPEALS 选择理由：因为分析目标是提高市场占有率，所以从用户视角来选择分析维度	【9. 建议与总结】通过竞品分析，对你的产品有什么建议？采取什么竞争策略？得出了哪些结论？（tips：要考虑可操作性）	
【4. 收集竞品信息】你打算从哪些渠道收集信息？ 做客户访谈，并请客户对各个竞品打分		

图 2-28　竞品画布案例

$APPEALS 要素	权重	Nokia	Ericsson	Siemens	H 企业	客户期望值
价格	30%	7	6	6	9	8
供货	3%	7	7	7	9	8
外观因素	2%	8	8	8	7	8
功能	30%	7	9	8	8	9
易用性	11%	7	8	8	8	9
质量保证	9%	8	8	8	7	8
维护成本	10%	8	8	9	7	8
品牌	5%	7	9	8	6	6

图 2-29　$APPEALS 要素评分表

$APPEALS 要素的评分参考标准如下：

10= 绝对最好；
9= 明显是领导者；
8= 在前 2 名内；
7= 位于前 3～5 名；
6= 在市场中被普遍认为是"好的"；
5= 大多数客户能接受；
4= 有 25%～35% 的购买者不能接受；
3= 大多数购买者不能接受；
2= 极不满意；
1= 完全不合格。

在 $APPEALS 要素评分表中，有以下两个注意事项：

- **权重**：由客户填写，体现了客户对不同分析维度的重视程度。例如，客户对"价格"比较在意，权重高达 30%，对"供货"不是很在意，权重只有 3%。
- **客户期望值**：体现了客户对该分析维度的期望值（需求程度），了解客户的期望值可以帮助我们抓住关键问题。例如，客户对"易用性"的期望值是 9 分，虽然 H 企业的产品在这项上的得分（8 分）并不比竞品差很多，但是没有达到客户的期望值，仍然需要提升。H 企业的产品在"品牌"指标上的得分比其他竞品都低，只有 6 分，但与客户的期望值（6 分）相比，这项并不是迫切需要提升的。

2.4.3 练一练

选择你工作中正在做或熟悉的产品，对其进行竞品分析，在

2.1.5 节的竞品画布中补充第 4 部分，填写收集竞品信息的方式，如图 2-30 所示。

竞品画布 你的产品名称：		作者：
【1. 分析目标】为什么要做竞品分析？希望为产品带来什么帮助？ 你的产品所处阶段： 目前你的产品面临的最大的问题与挑战： 竞品分析目标：	【5. 优势】与竞品相比，你的产品有哪些优点？（tips：可以结合分析维度）	【6. 劣势】与竞品相比，你的产品有哪些缺点？
【2. 选择竞品】竞品名称、版本及选择理由	【7. 机会】有哪些外部机会？	【8. 威胁】有哪些外部威胁？
【3. 分析维度】从哪几个角度来分析竞品？例如，功能、市场策略……（tips：结合产品阶段与分析目标来确定分析维度）	【9. 建议与总结】通过竞品分析，对你的产品有什么建议？采取什么竞争策略？得出了哪些结论？（tips: 要考虑可操作性）	
【4. 收集竞品信息】你打算从哪些渠道收集竞品信息？		

图 2-30 竞品画布练习

2.4.4 要点小结

- 不是所有竞品信息都能获取到，要学会在信息不充分的情况下做竞品分析、做决策。
- 竞品信息来源可以按获取方式分为竞品官方公开资料、第三方渠道、自己动手收集的第一手资料。
- 竞品信息收集渠道分为正式渠道与非正式渠道。
- 当个人的信息来源比较有限、获取不到想要的信息时，可以借助内部渠道获取。

- 通过亲自体验自己的产品与竞品，可以获得第一手资料。
- 竞争对手可能会通过非正式手段来收集你的产品信息。

2.5　信息整理与分析——抽丝剥茧

2.4 节介绍了收集竞品信息的常见渠道。这一节将介绍如何对收集到的信息进行整理与分析。

"重收集轻处理""重罗列轻分析"是做竞品分析时的常见误区。

如果仅仅只是将收集到的信息简单罗列出来，未经过分析，则不能作为决策的参考依据，也不能为产品带来什么竞争优势。

信息的分析是指对原始信息进行整理、归纳、推理，使信息转化为有价值结论的过程，在整个竞品分析工作流程中居于重要地位，同样的信息采用不同的分析方式，可能会得出不同的结论。

接下来介绍如何对收集到的竞品信息进行整理与分析，这个步骤的关键词是"抽丝剥茧"，如图 2-31 所示。

2.5.1　信息整理

我们通过各种渠道收集到竞品信息后，接下来需要对收集到的原始信息做初步的处理、评级，为下一步的分析做准备。

一般来说，信息整理包括如下工作内容：

- **信息的集中**：将多处来源的信息集中到一起。

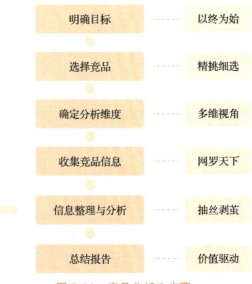

图 2-31　竞品分析 6 步骤

- **信息的分类**：根据竞品的名称或分析维度对信息进行重命名，并将其分到所属类别。
- **信息的筛选**：在多条重复的信息当中筛选出重复的信息。
- **信息的组合**：把不同信息组合在一起以便于证伪。
- **信息的评级**：评价信息源的可靠性和资料的准确度。

信息整理的一个重要内容是对所搜集的信息进行评级，信息评级的主要标准是信息源的可靠性和资料本身的可靠性。这种评级方式不仅有助于分析人员根据原始信息的相对价值进行取舍，还能帮助分析人员评价各种潜在的竞品信息来源的概况，从而在之后的信息搜集计划中更加偏重可靠的信息来源。

信息源的可靠性主要由以下几个方面来确定：

- 该渠道过去所提供的信息的质量；

- 该渠道提供信息的动因；
- 该渠道是否拥有该信息；
- 该渠道的可信度。

通过这些标准，可以有效去除一些虚假信息，甚至是竞争对手有意泄漏的虚假信息，避免被误导。

这里我们可以引入指标评价系统来衡量信息的真实程度。具体参考表 2-4 所示的信息快速评级表。

表 2-4　信息快速评级表

信息源的可靠性	信息的准确度
A—完全可靠	1—经其他渠道证实
B—通常可靠	2—很可能是真实的
C—比较可靠	3—可能是真实的
D—通常不可靠	4—真实性值得怀疑
E—不可靠	5—很不可能
F—无法评价可靠性	6—无法评价真实性

对于具体如何评价信息的可靠性与准确度，下面提供几条原则以供参考：

- 正式渠道 > 非正式渠道；
- 一手资料 > 二手资料；
- 准确 > 精确（有些数据，比如活跃用户数，只须知道数据的量级即可，不必精确到个位数）；
- 对于会影响重要决策的关键信息，可以通过多渠道相互验证；
- 在竞品分析报告中标注信息来源，以供读者参考，也相当于"免责条款"。

信息的筛选应互为比照,多渠道相互验证。

对于会影响重要决策的关键信息,应选择多个相互独立的信息源,对比来自不同渠道的信息,以检验它的准确性。经过长期验证,就可得出较为可靠的信息源,同时筛选出可靠的信息。

在掌握了上述原则后,就可以对信息的来源进行筛选,从适当的渠道获取竞品信息。

2.5.2 信息分析

1. 空·雨·伞

"空·雨·伞"是著名的咨询公司麦肯锡推崇的思考方式,如图 2-32 所示。

图 2-32 "空·雨·伞"思考方式

"空·雨·伞"的思考过程如下:

- 抬头看天,发现天空中的云朵有些异样,乌云密布;
- 解释为"好像要下雨了";
- 根据这一解释,判断应该采取"带伞出门"的行动。

"空·雨·伞"的思考过程,其实就是做以下三个判断:

- 空 = 事实 = 现在的情况,基于事实的所见所知;

- 雨 = 解释 = 对此情况的解释，看穿本质、理出重点，是基于事实思考得出的结果；
- 伞 = 行动 = 根据此解释得出的结论 / 下一步行动计划。

竞品分析的思考方式与"空·雨·伞"的思考方式是一致的。

通过前面的步骤收集到竞品信息后，要对收集到的信息进行整理与分析，得出有价值的结论，以便指导下一步的行动。

2. 常用的分析方法

信息分析时常用的方法包括：

- **比较法**：与竞品做横向比较，深入了解竞品，并通过分析得出优势、劣势。
- **矩阵分析法**：以二维矩阵的方式分析产品与竞品的定位、特色或优势。
- **竞品跟踪矩阵**：跟踪竞品的历史版本，找到竞品各版本的发展规律，以推测竞品下一步的行动计划。
- **功能拆解**：把竞品分解成 1 级功能、2 级功能、3 级功能，甚至 4 级功能，以便更全面地了解竞品的构成，避免遗漏。
- **探索需求**：挖掘竞品功能所满足的深层次的需求，以便找到更好的解决方案，提升产品的竞争力。
- **PEST 分析**：对宏观环境进行分析，以便找出机会、威胁。
- **波特五力模型**：对行业环境进行分析，以便找出机会、威胁。
- **SWOT 分析**：通过 SWOT 分析找出优势、劣势、机会、威胁，以便制定竞争策略。

由于本节的案例会涉及 SWOT 分析，所以先简单介绍一下

SWOT 分析，其余分析方法将在第 4 章中逐一详细介绍。

3. SWOT 分析

SWOT 分析法于 20 世纪 80 年代初由美国旧金山大学管理学教授海因茨·韦里克提出，被广泛应用于企业战略分析、竞争对手分析等场景中。

其实，前文也提到，SWOT 分析的思想早在《孙子兵法》中就有提及。五事七计是《孙子兵法》提出的决定战争胜负的基本因素。通过五事七计来分析敌我双方的优势、劣势、机会、威胁，然后判断战争胜负。孙子曰：吾以此知胜负矣。将听吾计，用之必胜，留之；将不听吾计，用之必败，去之。

SWOT 分析法也是竞品分析的一种常用方法，通过分析产品的优势（Strength）、劣势（Weakness）、机会（Opportunity）和威胁（Threat），综合考虑，以制定合适的竞争策略，如图 2-33 所示。

图 2-33　SWOT 分析

通过比较自己的产品与竞品，找出内部优势和劣势；通过宏观环境分析、行业环境分析、竞争对手分析找出外部的机会和威胁。将优势、劣势、机会、威胁依照矩阵形式排列，然后用系统分析的思想，匹配各种因素并加以分析，从而得出一系列结论，比如竞争策略、行动计划。

从整体上来看，SWOT 可以分为两部分：第一部分为"SW"，即优势、劣势，主要用来分析内部条件；第二部分为"OT"，即机会、威胁，主要用来分析外部条件。因此，SWOT 分析实际上是将产品内部环境和外部环境各方面的内容进行综合和概括，进而分析产品的优势、劣势、机会、威胁的一种方法。其中，优势和劣势分析主要着眼于产品自身的表现及其与竞品的比较；而机会和威胁分析则主要着眼于外部环境的变化及对产品的可能影响。

SWOT 分析法是一种能够较客观地分析和研究一个产品现实情况的方法。利用这种方法可以扬长避短、趋利避害。接下来将通过案例帮助你理解应用 SWOT 分析法进行竞品分析的过程。

2.5.3 案例

前面介绍了在收集竞品信息阶段，可以通过用户访谈邀请客户打分，本例中客户对各个竞品按照 $APPEALS 分析维度打分的结果，如表 2-5 所示。

表 2-5 $APPEALS 要素评分表

$APPEALS 要素	权重	Nokia	Ericsson	Siemens	H 企业	客户期望值
价格	30%	7	6	6	9	8
供货	3%	7	7	7	9	8
外观因素	2%	8	8	8	7	8
功能	30%	7	9	8	7	9
易用性	11%	7	8	8	8	9
质量保证	9%	8	8	8	7	8
维护成本	10%	8	8	9	7	8
品牌	5%	7	9	8	6	6

基于这些数据可以在 Excel 中生成雷达图，如图 2-34 所示。

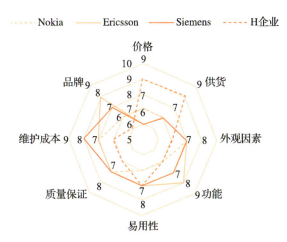

图 2-34　$APPEALS 要素评分数据雷达图

通过雷达图，我们可以清晰地看出 H 企业的移动交换机产品 VMSC 相对于竞品的优劣势，再通过 PEST 分析、波特五力模型（在第 4 章中介绍）找出机会与威胁，就是 SWOT 分析，如图 2-35 所示。

图 2-35　VMSC 产品的 SWOT 分析

有了这些信息就可以填写竞品画布了，如图 2-36 所示。

竞品画布　你的产品名称：移动交换机 VMSC

【1. 分析目标】 产品所处阶段：市场推广 目前产品面临的最大的问题与挑战： 在国内市场占有率低于 15% 分析目标：通过竞品分析，找到产品市场占有率低的原因，并提出竞争策略，提高产品在国内的市场占有率	【5. 优势】与竞品相比，你的产品有哪些优点？（tips: 可以结合分析维度） ● 价格低 ● 供货好 ● 易用性强	【6. 劣势】与竞品相比，你的产品有哪些缺点？ ● 外观与结构差 ● 功能少 ● 维护成本高
【2. 选择竞品】竞品名称、版本及选择理由 爱立信 MSC 诺基亚 MSC 西门子 MSC 选择理由：市场份额前 3 强	【7. 机会】有哪些外部机会？ ● 国内的政策扶持 ● 电信行业蓬勃发展	【8. 威胁】有哪些外部威胁？ ● 国内同行也在做同类产品 ● 外资企业加大了国内市场投入
【3. 分析维度】从哪几个角度来分析竞品？ $APPEALS 选择理由：因为分析目标是提高市场占有率，所以从用户视角来选择分析维度	【9. 建议与总结】通过竞品分析，对你的产品有什么建议？采取什么竞争策略？得出了哪些结论？（tips: 要考虑可操作性）	
【4. 收集竞品信息】你打算从哪些渠道收集信息？ 做客户访谈，并请客户对各个竞品打分		

图 2-36　竞品画布案例

2.5.4　练一练

接 2.4.2 节的练习，选择你工作中正在做或熟悉的产品，对其进行竞品分析，在竞品画布中补充第 5～8 部分，如图 2-37 所示。

竞品画布 你的产品名称： 作者：		
【1. 分析目标】为什么要做竞品分析？希望为产品带来什么帮助？ 你的产品所处阶段： 目前你的产品面临的最大的问题与挑战： 竞品分析目标：	【5. 优势】与竞品相比，你的产品有哪些优点？（tips：可以结合分析维度）	【6. 劣势】与竞品相比，你的产品有哪些缺点？
【2. 选择竞品】竞品名称、版本及选择理由	【7. 机会】有哪些外部机会？	【8. 威胁】有哪些外部威胁？
【3. 分析维度】从哪几个角度来分析竞品？例如，功能、市场策略……（tips：结合产品阶段与分析目标来确定分析维度）	【9. 建议与总结】通过竞品分析，对你的产品有什么建议？采取什么竞争策略？得出了哪些结论？（tips: 要考虑可操作性）	
【4. 收集竞品信息】你打算从哪些渠道收集竞品信息？		

图 2-37 竞品画布练习

2.5.5 要点小结

- 收集到的信息如果只是简单罗列出来而未经过分析，则不能作为决策的参考依据。
- 信息的筛选应互为比照，多渠道相互验证。
- 信息评级的主要标准是信息源的可靠性和资料本身的可靠性。
- 可以按"空·雨·伞"的思考方式来做竞品分析。
- 通过 SWOT 分析得出优势、劣势、机会、威胁，以便制定竞争策略。

2.6 总结报告——价值驱动

经过前面 5 个步骤的努力，我们逐步推进，终于要迈向最终目标了!

竞品分析要为产品服务,要以价值驱动。我们在最后一步要总结出对产品有价值的结论,并且写出一份靠谱的竞品分析报告。这也是竞品分析最关键、最有价值的一步。这个步骤的关键词是"价值驱动",如图 2-38 所示。

图 2-38 竞品分析 6 步骤

2.6.1 竞品分析的总结与结论

"不忘初心,方得始终。"

在竞品分析的最后一步,不要忘了做竞品分析的初心,也就是做竞品分析的目的与目标。

竞品分析的总结与结论要围绕竞品分析的目标去写,这样才不会失去价值。

我们再回顾一下竞品分析的目的与目标，如图 2-39 所示。

图 2-39　竞品分析的目的与目标

在竞品分析目标中，"制定竞争策略"这种目标的总结相对复杂些，有以下几种典型的竞争策略：

- 基于 SWOT 分析得出竞争策略；
- 波特竞争战略：专注、成本领先、差异化；
- "抄超钞"：先"抄"，再"超"，然后得到"钞"；
- 柔道战略：小公司如何以小博大，应对巨头的竞争；
- 颠覆式创新：颠覆性产品能够开辟一片新的市场——新市场颠覆（New-market Disruption）；或者能给现有产品提供一个更简单、更便宜或更方便的替代品——低端颠覆（Low-end Disruption）。

上一节简单介绍了 SWOT 分析，这里我们来介绍下基于 SWOT 分析得出的竞争策略类型。根据 SWOT 分析可以直观地得到 4 种竞争策略：

- **扬长**：发挥优势；
- **避短**：规避劣势；
- **趋利**：抓住机会；
- **避害**：避开威胁。

我们还可以把优势、劣势与机会、威胁进行组合得到更多的竞争策略，如图 2-40 所示。

SWOT	优势（S）	劣势（W）
机会（O）	SO 战略：增长型战略 （依靠内部优势，利用外部机会，创建最佳业务状态）	WO 战略：扭转型战略 （利用外部机会，克服内部劣势，机不可失）
威胁（T）	ST 战略：多种经营战略 （依靠内部优势，回避外部威胁，果断迎战）	WT 战略：防御型战略 （减少内部劣势，回避外部威胁，休养生息）

表 2-40 基于 SWOT 得出的竞争策略

- SO 战略是依靠内部优势去抓住外部机会，属于增长型战略。
- WO 战略是利用外部机会来克服内部劣势，属于扭转型战略。
- ST 战略是利用企业的优势去避免或减轻外部威胁对产品的打击，属于多种经营战略。
- WT 战略是直接减少内部劣势和避免外部威胁，属于防御型战略。

基于 SWOT 分析得到的这些竞争策略不一定都是可行的、靠谱的，只是给了我们参考的选项，帮助我们启发思路，后续还需要进一步评估这些选项，然后做出决策。

其余几种竞争策略（"抄超钞"、差异化、柔道战略）会在第 6 章详细介绍。

做竞品分析通常还要编写一份竞品分析报告，如何编写一份靠谱的竞品分析报告呢？我们将在第 5 章详细介绍。

2.6.2 案例

在 2.5.3 节的案例中通过 SWOT 分析得出了产品的优势、劣势、机会、威胁，接下来介绍基于 SWOT 分析制定竞争策略的过程。

制定竞争策略的过程与竞品分析的步骤是一致的，如图 2-41 所示。

图 2-41 制定竞争策略的过程

H 企业为 VSMC 产品制定竞争策略的过程如下：

第一步，确定竞品分析的目标。找出产品市场占有率低的原因，制定竞争策略以提升产品的市场占有率。

第二步，选择主要竞争对手。选择占有市场份额比较高的前 3 名作为竞品。

第三步，确定分析维度。以用户的视角选择 $APPEALS 作为分析维度。

第四步，收集数据。

- 请客户确定 $APPEALS 各项内容的权重；
- 确定评分标准；
- 确定评价的客户并请客户打分（多个客户打分然后加权平均）。

第五步，信息整理与分析。统计分数并绘制雷达图，做 SWOT 分析。

最后，总结报告。完成 SWOT 分析并得出竞争策略。

H 企业基于 SWOT 分析得出了以下竞争策略：

- **扬长**：保持低价。
- **避短**：改进外观；强化售后服务；承诺免费更换。
- **趋利避害**：与运营商合资，开展深度合作。

H 企业应用这些竞争策略持续提升产品竞争力，市场份额逐步提高，打败了国外的通信行业巨头，最终成为通信行业的领导者！

这个案例完整地覆盖了竞品分析的 6 个步骤，完整的竞品画布如图 2-42 所示。

2.6.3 练一练

接 2.5.4 节的练习，选择你工作中正在做或熟悉的产品，对其进行竞品分析，在竞品画布中补充第 9 部分，如图 2-43 所示。

竞品画布　你的产品名称：移动交换机 VMSC

【1. 分析目标】 产品所处阶段：市场推广 目前产品面临的最大的问题与挑战： 在国内市场占有率低于 15% 分析目标：通过竞品分析，找到产品市场占有率低的原因，并提出竞争策略，提高产品在国内的市场占有率	【5. 优势】与竞品相比，你的产品有哪些优点？（tips: 可以结合分析维度） ● 价格低 ● 供货好 ● 易用性强	【6. 劣势】与竞品相比，你的产品有哪些缺点？ ● 外观与结构差 ● 功能少 ● 维护成本高
【2. 选择竞品】竞品名称、版本及选择理由 爱立信 MSC 诺基亚 MSC 西门子 MSC 选择理由：市场份额前 3 强	【7. 机会】有哪些外部机会？ ● 国内的政策扶持 ● 电信行业蓬勃发展	【8. 威胁】有哪些外部威胁？ ● 国内同行也在做同类产品 ● 外资企业加大了国内市场投入
【3. 分析维度】从哪几个角度来分析竞品？ $APPEALS 选择理由：因为分析目标是提高市场占有率，所以从用户视角来选择分析维度	【9. 建议与总结】通过竞品分析，对你的产品有什么建议？采取什么竞争策略？得出了哪些结论？（tips: 要考虑可操作性） ● 保持低价，改进产品外观 ● 强化售后服务，承诺免费更换 ● 与运营商合资，开展深度合作	
【4. 收集竞品信息】你打算从哪些渠道收集信息？ 做客户访谈，并请客户对各个竞品打分		

图 2-42　竞品画布案例

2.6.4　要点小结

- "不忘初心，方得始终。"
- 竞品分析要为产品服务，要以价值驱动。
- 总结报告是竞品分析最关键、最有价值的一步。
- 竞品分析的总结与结论要围绕竞品分析的目标来写。
- 基于 SWOT 得到的竞争策略不一定都是可行的、靠谱的，只是给了我们参考的选项，启发我们的思路，还要进一步评估这些选项，然后再做决策。
- 制定竞争策略的过程与进行竞品分析的步骤是一致的。

竞品画布　你的产品名称：　　　　　　　作者：

【1. 分析目标】为什么要做竞品分析？希望为产品带来什么帮助？ 你的产品所处阶段： 目前你的产品面临的最大的问题与挑战： 竞品分析目标：	【5. 优势】与竞品相比，你的产品有哪些优点？（tips：可以结合分析维度）	【6. 劣势】与竞品相比，你的产品有哪些缺点？
【2. 选择竞品】竞品名称、版本及选择理由	【7. 机会】有哪些外部机会？	【8. 威胁】有哪些外部威胁？
【3. 分析维度】从哪几个角度来分析竞品？例如，功能、市场策略……（tips：结合产品阶段与分析目标来确定分析维度）	【9. 建议与总结】通过竞品分析，对你的产品有什么建议？采取什么竞争策略？得出了哪些结论？（tips：要考虑可操作性）	
【4. 收集竞品信息】你打算从哪些渠道收集竞品信息？		

图 2-43　竞品画布练习

|第3章| CHAPTER

竞品分析工具箱

工欲善其事,必先利其器。本章介绍三种有效的竞品分析工具:精益画布、竞品画布、战略画布。通过这些工具可以提升竞品分析的效率。

3.1 精益画布

3.1.1 精益画布是什么

曾经很多电脑上都有一只可爱的瑞星小狮子。

瑞星市场份额最高达到80%,年利润可达几个亿。后来被

360打败。我们都知道，360打败瑞星不是靠杀毒软件的功能更厉害，而是用免费模式打败了对手。

小米电视推出时，靠着"铁人三项"（硬件＋软件＋互联网服务）的优势，使传统电视厂商备感压力。它们之间的竞争，已经不是电视产品本身的竞争，而是商业模式的竞争。

管理大师德鲁克说过一句名言："当今企业间的竞争，不是产品之间的竞争，而是商业模式之间的竞争。"

当产品经理在规划、分析一个产品时，要意识到：你在做的"产品"（解决方案、功能、特性）不是产品，整个商业模式才是产品！

那么，什么是商业模式呢？

简单来说，商业模式是关于企业或产品如何"创造价值""传递价值""获取价值"的综合内容。

这个定义涉及做产品最核心、最本质的东西，包含三层意思：

- **创造价值**：商业存在的基础是企业通过生产产品或提供服务，为用户提供某种价值。用户要认可这种价值，或者说，企业（产品或服务）要满足用户的某种需求，如提供便利、降低成本等。
- **传递价值**：把创造出来的价值传递给用户，也就是产品或服务通过何种渠道到达用户，让用户知晓、感受、使用，并保持连接。
- **获取价值**：在向用户创造价值和传递价值的过程中获取属

于自己的价值。作为一个商业组织，必须要考虑如何优化成本结构、如何定价、如何获取利润等问题，也就是为自己获取价值。

经常看到有人把商业模式与盈利模式混为一谈，实际上商业模式不等于盈利模式。商业模式包含"创造价值""传递价值""获取价值"，而盈利模式是"获取价值"，只是商业模式的一部分。

商业模式的规划与分析有两种经典的工具：商业模式画布和精益画布。

商业模式画布出自于《商业模式新生代》一书，更侧重于公司层面的商业模式，如图3-1所示。

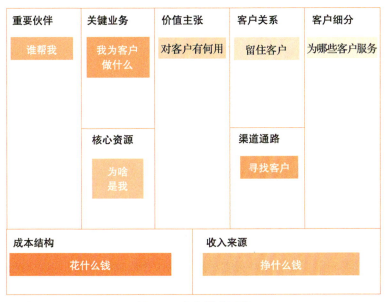

图 3-1　商业模式画布

精益画布（Lean Canvas）出自于《精益创业实战》（Running Lean）一书，更侧重于产品层面的商业模式。

精益画布的发明者是阿什·莫瑞亚（Ash Maurya），他是美国的一位连续创业者，也是"精益创业"运动的旗手。他在自己的第一本书《精益创业实战》中详细介绍了这个工具。

精益画布简单实用，只有一页纸，如图 3-2 所示。

精益画布 产品名称：＿＿＿＿＿ 作者：＿＿＿＿＿					
【1 问题】 客户最需要解决的 3 个问题	【4 解决方案】 产品最重要的 3 个功能	【3 独特卖点】 为什么你的产品与众不同，值得购买	【7 竞争壁垒】 无法被对手轻易复制或者买去的竞争优势		【2 用户细分】 目标用户 & 客户；用户的特征、标签
	【6 关键指标】 应该考核哪些东西	【一句话描述产品】	【5 渠道】 如何找到客户，如何推广		
【8 成本分析】 获取客户所需花费、销售花费、网站架设费用、人力资源费用等			【9 收入分析】 盈利模式、收入、毛利		

图 3-2　精益画布

精益画布由 9 个模块构成：

①问题：目标用户最需要解决的 3 个问题是什么？用户有哪些痛点？

②**用户细分**：你的目标用户是谁？这些用户有哪些关键的特征？

③**独特卖点**：为什么用户要选择你的产品而不选竞品？你能以清晰、独特、令人印象深刻的方式说明为何你的产品更加优异或者卓尔不群吗？

④**解决方案**：你能为现存问题找到正确的解决方案吗？

⑤**渠道**：如何将产品或服务送到用户手中，又如何收取用户支付的款项？如何与用户保持连接？

⑥**关键指标**：哪些数据指标能让你了解产品的真实状况？

⑦**竞争壁垒**：如何为产品构建"护城河"？无法被对手轻易复制或买去的竞争优势有哪些？

⑧**成本分析**：做这个产品的直接成本和间接成本都有哪些？

⑨**收入分析**：产品如何赚钱？收入能大于成本吗？何时能达到盈亏平衡？

这9个模块覆盖了做一个产品要思考的几个核心问题，也覆盖了对商业模式的3个关键要素：

- **创造价值**：问题、用户细分、独特卖点、解决方案。
- **传递价值**：渠道、关键指标。
- **获取价值**：收入分析。

3.1.2 精益画布的作用

精益画布是关于产品商业模式的一种很好用的工具。可以用来做产品商业模式规划，也可以用来做产品商业模式分析。通过精益画布可以帮助产品经理更全面地思考、决策，从系统、商业的角度来规划产品、分析产品，建立产品的全局观（如图 3-3 所示）。

图 3-3　产品全局观

上面提到产品的全局观，究竟产品全局观是什么？产品全局观是指产品经理在思考与规划一个产品时，不仅要考虑用户需求与用户体验，还要考虑产品的技术可行性与商业可行性。

对于产品经理而言，如果缺乏产品全局观，在分析产品时会没有头绪或者遗漏一些重要方面。具备商业思维、拥有产品全局观，是产品经理区别于产品助理的重要标志！

精益画布作为产品商业模式分析的一种实用工具，是如何帮助产品经理建立产品全局观的呢？两者有什么联系？图 3-4 对此做了简单展示。

由图 3-4 可知，通过应用精益画布，产品经理可以同时考虑到用户需求、技术可行性、商业可行性，建立起合理的产品全局观，从而规划出更符合用户需求、更有价值的产品。

可以说，精益画布是产品经理必备的神器。

精益画布　产品名称：_____　作者：_____

【1 问题】客户最需要解决的 3 个问题	【4 解决方案】产品最重要的 3 个功能	【3 独特卖点】为什么你的产品与众不同，值得购买	【7 竞争壁垒】无法被对手轻易复制或者买去的竞争优势	【2 用户细分】目标用户＆客户；用户的特征、标签
	用户需求			
	【6 关键指标】应该考核哪些东西	【一句话描述产品】	【5 渠道】如何找到客户，如何推广	
	技术可行性		商业可行性	
【8 成本分析】获取客户所需花费、销售花费、网站架设费用、人力资源费用等			【9 收入分析】盈利模式、收入、毛利	

图 3-4　精益画布与产品全局观

在工作中，精益画布有如下适用场景：

- **产品规划**：编写 BRD（商业需求文档）、立项报告、商业计划书，向老板或投资人介绍产品的商业模式。
- **分析竞品的商业模式**：在进行竞品分析时，用精益画布可以比较全面地分析竞争对手的产品。
- **交流讨论**：通过与他人交流讨论得到反馈，在交流中与团队成员达成共识，不断修改产品方案，使其日趋完善。

3.1.3　精益画布案例

1. 摩拜单车

下面以大家比较熟悉的摩拜单车作为案例，分析摩拜单车初创时期的商业模式，如图 3-5 所示。

精益画布 产品名称：摩拜单车（初创时期）

[1 问题]	[4 解决方案]	[3 独特卖点]	[7 竞争壁垒]	[2 用户细分]
● 用户的需求 5公里内的出行需求：开车堵、打车贵，走路远； 城市公共自行车：需固定车桩，办卡麻烦 自己买单车：怕丢怕偷、维护管理麻烦 ● 政府公共部门的需求 1) 城市拥堵治理 2) 改善民生、环保	● App ● 自主设计的摩拜单车 ● 服务端 [6 关键指标] ● 单车投放数量 ● 活跃用户数 ● 单车使用率 ● 单车故障率 ● 退押金人数	● App扫码借车，无需固定车桩 ● 车酷 ● 车多 [一句话描述你的产品] 摩拜单车，触手可骑	● 专利 ● 单车投放数量 ● 抱大腿：红杉、创新工场、腾讯（大数据、流量、资金支持）	● 目标用户 一二线城市居民、上班族、大学生，易于接受新事物的中年人 ● 重要干系人 政府公共部门
			[5 渠道] ● 在市区投放车辆、App ● 社交媒体传播 ● 活动运营：世界无车日 ● 用户运营（邀请好友加信用值）	
[8 成本分析] ● 硬件成本：1500元/辆（Lite版），3000元/辆 ● 运营成本（维修、营销） ● 人力成本			[9 收入分析] ● 押金、预付金资金池 ● 租车费 ● 广告、骑行大数据、信用数据	

图 3-5 精益画布——摩拜单车

在精益画布的【2 用户细分】中,如有重要干系人也要列出来。充分考虑重要干系人的需求与期望,这样才能得到干系人的支持。在摩拜单车案例中,政府公共部门是其重要的干系人。

2. 纳米盒

纳米盒是一款专为小学生和家长设计的学习辅导和成长教育 App,其核心功能是手机上的智能点读机,目前用户超过 5000 万,月活跃用户超过 300 万,是一款经典的教育类产品,对做教育类产品的产品经理很有参考价值。

纳米盒的商业模式分析如图 3-6 所示。

纳米盒的用户有两类:小学生的父母、小学生,要分别识别他们的需求。

虽然主要是小学生在使用纳米盒 App,但是小学生的父母对选择产品、引导小孩使用、付费环节等起着关键的作用,所以小学生的父母是核心用户,他们的需求不能被忽视,甚至要优先考虑他们的需求。

因篇幅所限,完整的纳米盒案例分析请关注公众号(微信搜索:张在旺)获取。

3.1.4 精益画布要点

精益画布看起来很简单,只有一页纸,但是要用好它却并不简单,下面简要介绍几个要点:

1. 精益画布的工具与方法

图 3-7 展示了精益画布在每个模块会用到的工具与方法。

精益画布　产品名称：纳米盒

【1 问题】	【4 解决方案】	【3 独特卖点】	【7 竞争壁垒】	【2 用户细分】
● 小学生的父母： 1）工作繁忙，空闲时间少 2）缺少学习辅导的经验 3）内心焦虑 ● 小学生： 希望学习是有趣的、好玩的	工具＋内容＋社区 1）小学课本点读、作文库、词典等学习工具； 2）课外天地：故事秀等 3）窗外世界：成长圈、活动圈、家长圈等交流社区	● 较低的价格（比买点读机、请家教便宜） ● 拥有内容丰富的学习机 【一句话描述你的产品】 中国领先的小学在线教育专家	● 丰富的内容沉淀 ● 微课堂打造的自主版权的原创教学内容 ● 全国30余家出版社正版授权	● 小学生的父母： 70～80后，白领，上班族，中低收入群体，重视教育的人 ● 小学生： 1）6～12岁的小学生 2）学习自主性稍差，需要家长的辅助与监督 3）非留守儿童
【替代方案/竞品】 ● 传统的点读机 ● 线下机构（新东方等） ● 疯狂老师（O2O）	【6 关键指标】 ● 月活跃用户数 ● 平均使用时长 ● 留存率 ● 付费用户数		【5 渠道】 ● 应用市场 ● 微信公众号 ● 社群推广 ● 口碑推荐	
【8 成本分析】 ● 人力成本、硬件成本 ● 资源采购、授权、运营推广费用			【9 收入分析】 ● 内容收费（点读、微课堂、微店） ● 运营分成、广告收入	

图3-6　精益画布——纳米盒

```
精益画布  产品名称：_____  作者：_____
┌─────────────┬─────────────┬─────────────┬─────────────┬─────────────┐
│【1问题】    │【4解决方案】│【3独特卖点】│【7竞争壁垒】│【2用户细分】│
│● 黄金思维圈 │● 火车模型   │● 竞争导向   │资金、技术、 │● 用户洋葱模型│
│● 5Why分析法 │● 需求优先级 │● 客户导向   │资源、品牌、 │● 干系人地图 │
│● 人性级需求 │● KANO模型   │● 战略画布   │网络效应…    │● 影响地图   │
│● 需求链     │● PSPS模型   │             │             │● 用户标签   │
│             ├─────────────┤【一句话描述 ├─────────────┤             │
│             │【6关键指标】│  产品】     │【5渠道】    │             │
│             │● NPS        │● 独特卖点+  │● AARRR      │             │
│             │● 数据分析   │  品类名称   │             │             │
│             │             │● 类比法     │             │             │
├─────────────┴─────────────┴─────────────┼─────────────┴─────────────┤
│【8成本分析】                            │【9收入分析】              │
│● 比特世界                               │● 延长价值链               │
│● 原子世界                               │                           │
└─────────────────────────────────────────┴───────────────────────────┘
```

图 3-7 精益画布的工具与方法

罗列出这些工具与方法相当于给你一张知识地图，你可以根据地图进一步去深入学习，丰富自己的知识体系。

2. 符合逻辑

精益画布的 9 个模块有数字顺序，在填写精益画布或向别人介绍精益画布时，按照数字顺序填写会更有逻辑。

3. 多边用户

平台类的产品，如"滴滴打车"，会涉及多边用户：乘客、司机，所以在写精益画布时，要分别识别他们的需求。如果忽略了其中一方，在产品运营推广时可能因得不到他们的支持而遭遇失败。

4. 内容精炼

用一句话说清楚一件事情很难，用一段话说清楚一件事情就简单许多。精益画布的空间限制刚好可以让你把精华部分提炼出来。一般情况下，精益画布最好不要超过一页纸。

5. 不要把假设当真

注意，精益画布上写的那些内容，其实都是你的假设！未经过市场验证的假设！

对于不确定性目标（需求模糊、目标不明确、创新型产品），应该按照精益创业的方法，快速低成本试错，先验证假设，找到正确的产品方向后，再逐步迭代改进。

3.1.5 练一练

学以致用。选择一个你工作中接触的产品或者竞品，参考3.1.4节的案例填写精益画布（如图3-8所示），并与你的同事交流讨论、听取反馈。

3.1.6 要点小结

- 当今企业间的竞争不是产品的竞争，而是商业模式的竞争。
- 你在做的"产品"不是产品，整个商业模式才是产品！
- 商业模式是关于企业或产品如何"创造价值""传递价值""获取价值"的综合内容。
- 商业模式画布更侧重于公司层面的商业模式，而精益画布更侧重于产品层面的商业模式。
- 产品全局观是指产品经理在思考与规划一个产品时，不仅要考虑用户需求与用户体验，还要考虑技术可行性与商业可行性。
- 精益画布可以帮助产品经理更全面地思考、决策，从系统、商业的角度来规划产品、分析产品，建立产品的全局观。
- 在进行竞品分析时，用精益画布可以比较全面地分析竞争对手的产品。

第 3 章 竞品分析工具箱

精益画布　产品名称：_____　作者：_____

【1 问题】 客户最需要解决的 3 个问题	【4 解决方案】 产品最重要的 3 个功能	【3 独特卖点】 为什么你的产品与众不同，值得购买	【7 竞争壁垒】 无法被对手轻易复制或者买去的竞争优势	【2 用户细分】 目标用户 & 客户；用户的特征、标签
	【6 关键指标】 应该考核哪些东西	【一句话描述产品】	【5 渠道】 如何找到客户，如何推广	

【8 成本分析】 获取客户所需花费、销售花费、网站架设费用、人力资源费用等	【9 收入分析】 盈利模式、收入、毛利

图 3-8　精益画布练习

- 在精益画布的"用户细分"中，如有重要干系人也要列出来。要充分考虑重要干系人的需求与期望，这样才能得到干系人的支持。
- 精益画布的 9 个模块有数字顺序，在填写精益画布或向别人介绍精益画布时，按照数字顺序会更有逻辑。
- 平台类的产品，会涉及多边用户，所以在写精益画布时，要分别识别他们的需求。如果忽略了其中一方，在产品运营推广时可能因得不到他们的支持而遭遇失败。
- 精益画布上填写的那些内容，其实都是你的假设！未经过市场验证的假设！
- 对于不确定性目标，应该按照精益创业的方法，首先快速低成本试错，先找到正确的产品方向，再逐步迭代改进。

3.2 竞品画布

在第 1 章、第 2 章中我们介绍过竞品画布，并通过一个完整的案例介绍了通过竞品画布做竞品分析的整个过程。这里我们再梳理一下竞品画布的要点，并通过案例强化对竞品画布的认识。

3.2.1 竞品画布是什么

竞品画布是一个做竞品分析的简易模板，通过一页纸的内容完整地覆盖了做竞品分析的 6 个步骤，可以引导新人更规范地做竞品分析。竞品画布如图 3-9 所示。

3.2.2 竞品画布的作用

竞品画布有两种用途。

1. 帮助新手快速上手

如果你从来没有做过鱼香肉丝这道菜，让你现在去做你可能会觉得无从下手。如果给你一个鱼香肉丝的菜谱，你就可以根据菜谱按部就班地完成。

竞品画布 你的产品名称：		作者：
【1. 分析目标】为什么要做竞品分析？希望为产品带来什么帮助？ 你的产品所处阶段： 目前你的产品面临的最大的问题与挑战： 竞品分析目标：	【5. 优势】与竞品相比，你的产品有哪些优点？（tips：可以结合分析维度）	【6. 劣势】与竞品相比，你的产品有哪些缺点？
【2. 选择竞品】竞品名称、版本及选择理由	【7. 机会】有哪些外部机会？	【8. 威胁】有哪些外部威胁？
【3. 分析维度】从哪几个角度来分析竞品？例如，功能、市场策略……（tips：结合产品阶段与分析目标来确定分析维度）	【9. 建议与总结】通过竞品分析，对你的产品有什么建议？采取什么竞争策略？得出了哪些结论？（tips：要考虑可操作性）	
【4. 收集竞品信息】你打算从哪些渠道收集竞品信息？		

图 3-9 竞品画布

竞品画布就像一个菜谱，把竞品分析的几个关键步骤固化在一张纸上作为模板，如竞品分析的 SOP（标准操作流程），对流程加以规范，帮助新手快速上手，以避免出现重大疏漏。

2. 提早验证思路

竞品画布相当于竞品分析报告的 MVP（最小可用产品），用来低成本快速验证竞品分析的思路是否正确，避免返工。

1）**如果领导让你写一份竞品分析报告**：你可以先填写一份

竞品画布，确认关键内容后再去着手做竞品分析、写竞品分析报告，这样可以避免你做的竞品分析不符合领导的需求。

2）**如果你让下属做竞品分析：**可以先让他填写一份竞品画布，确保他明了竞品分析的目标，并确定他选的竞品、分析的维度等与你的期望一致后再开始分析。否则可能他花费一个星期的时间做出一份竞品分析报告，却因为选错了竞品或者分析维度欠缺，造成返工和时间的浪费。

3.2.3　精益画布与竞品画布案例

我们做产品时，可以同时应用精益画布和竞品画布来做竞品分析，以达到知己知彼的目的。

- **知己**——用精益画布分析规划自己的产品。
- **知彼**——用竞品画布分析竞争对手的产品。

接下来应用精益画布、竞品画布来对儿童教育产品——宝宝巴士进行分析。

宝宝巴士（BabyBus）是专注 0～6 岁宝宝启蒙的移动互联网早教品牌，历经 7 年产品研发，精准覆盖全球 3.5 亿家庭用户，App 累计下载超过 100 亿次，每月活跃用户数量超过 8000 万，儿歌动画累计播放次数超过 160 亿次，每日视频点播超过 7000 万次，在中国，平均每 10 个家庭中就有 7 个家庭使用过宝宝巴士[⊖]！

1. 精益画布

我们可以用精益画布规划自己的产品，也可以用精益画布做竞品分析，分析竞品的商业模式。关于宝宝巴士的精益画布如图 3-10 所示。

⊖　数据源自宝宝巴士官网。

第 3 章 竞品分析工具箱

精益画布 产品名称：宝宝巴士

【1 问题】
学龄前儿童的父母：
1）工作繁忙，时间少
2）缺少儿童教育经验
3）儿童教育资源少

学龄前儿童：
缺乏玩伴

【2 用户细分】
- 学龄前儿童的父母：
80后、白领、上班族、中低收入人群
- 学龄前儿童：
1）1~2岁：基础认知启蒙；
2）2~3岁：生活习惯养成，为入园提前做好准备；
3）3~4岁：全面能力提升，注重社交培养；
4）4~5岁：激发求知与创造欲望，开发脑力潜能；
5）5岁以上：幼小衔接，为入学打好坚实的基础

【3 独特卖点】
- 150位教育专家共同开发，80多种儿童教育模型
- 海量儿童教育资源
- 根据用户年龄与内容做精准细分

【4 解决方案】
- 根据不同年龄段推出细分产品
- 与第三方合作推出资源库
- 游戏化教育，防沉迷

【5 渠道】
- 应用市场
- 智能硬件预装
- 微信公众号
- 口碑推荐

【6 关键指标】
- 日活跃用户数
- 使用时长
- 下载量
- 留存率
- 公众号用户数

【7 竞争壁垒】
- 教育专家授权
- 儿歌专利
- 中国首个独家授权

【一句话描述产品】
一个寓教于乐的移动智能早教产品

【8 成本分析】
- 人力成本
- 硬件成本
- 资源采购、授权
- 推广费用

【9 收入分析】
- 广告
- 付费购买
- 线下产品、周边
- 宝宝商城

图3-10 精益画布——宝宝巴士

与纳米盒类似，宝宝巴士的用户有两类：学龄前儿童的父母与学龄前儿童。我们要分别识别他们的需求。

虽然宝宝巴士的使用者主要是儿童，但是儿童的父母对选择产品、引导孩子使用、付费环节起着关键的作用，所以父母是核心用户，要优先考虑他们的需求。

2. 竞品画布

应用竞品画布为宝宝巴士做竞品分析，如图 3-11 所示。

画完竞品画布后，要跟你的领导确认，跟你的产品团队成员交流讨论，吸收他们的反馈并对竞品画布进行改进，如有必要，再去写竞品分析报告。

3.2.4 竞品画布要点

竞品画布看起来很简单，只有一页纸，但是要用好它却并不简单，下面对竞品画布的要点进行总结。

- 竞品分析的目标要明确，最好能够解决产品当前面临的问题。
- 选择竞品时先发散后收敛，初选阶段可以把眼界放宽，避免遗漏重要的竞品；精选阶段要收敛，聚焦到 3 个左右的竞品做重点分析。
- 分析维度取决于分析目标，最好写出分析维度的选择理由。
- 收集竞品信息时，除了常规渠道，还可以考虑合法的非正式渠道。找不到关键信息时，可以尝试在公司内部寻求帮助。
- 优势、劣势是企业内部的，最好不超过 5 个。
- 机会、威胁是外部环境，最好不超过 5 个。
- 建议总结要具体，不要泛泛而谈，同时要考虑可操作性。

竞品画布　你的产品名称：__宝宝巴士__

【1. 分析目标】产品所处阶段：运营阶段
目前产品面临的最大的问题与挑战：
1）市场竞争激烈，同类竞品多
2）市场排名不高
3）家长对此类产品缺乏信任（担心沉迷、影响视力）
分析目标：通过竞品分析，提升市场占有率，增加用户数

【2. 选择竞品】竞品名称、版本及选择理由
品牌竞品：巧虎、小伴龙、熊猫博士
参照竞品：听书软件、Siri、智能机器人
选择理由：排名靠前、动漫效果更丰富

【3. 分析维度】从哪几个角度来分析竞品？
• 价格、可获得性、易用性、性能
• 盈利模式、市场推广
选择理由：分析目标是提高市场占有率，所以从从用户视角选择分析维度，并希望在盈利模式、市场推广方面从竞品得到启发

【4. 收集竞品信息】你打算从哪些渠道收集信息？
1）市场排名　2）评测软件　3）行业周刊
4）公司年报　5）招聘信息　6）亲自体验

【5. 优势】与竞品相比，你的产品有哪些优点？
• 免费
• 易用性强
• 根据用户年龄与内容做精准细分
• 有家长交流圈

【6. 劣势】与竞品相比，你的产品有哪些缺点？
• 推广方式单一
• 动漫设计效果有待提高
• 盈利能力不足

【7. 机会】有哪些外部的机会？
• 二胎开放
• 移动互联网大趋势
• 消费水平提高

【8. 威胁】有哪些外部威胁？
• 竞品较多
• 外包供应商议价
• 家长对此类产品缺乏信任（担心沉迷、影响视力）

【9. 建议与总结】通过竞品分析，对你的产品有什么建议？采取什么竞争策略？得出了哪些结论？(tips：要考虑可操作性)
1. 量大取胜（ST 战略）
2. 强化品牌意识（SO 战略）
3. 推广方式多元化（WO 战略）、与竞品联盟（竞合）
4. 开发智能宠物玩偶

图 3-11　竞品画布——宝宝巴士

3.3 战略画布

3.3.1 战略画布是什么？

战略画布出自于《蓝海战略》一书。战略画布既是战略诊断框架也是战略分析框架，用于帮助企业建立强有力的蓝海战略。

我们也可以利用战略画布做竞品分析，图形化地描述产品与竞品在各竞争要素上的相对强弱表现。

战略画布能捕捉当前市场的竞争现状，使我们看清在产品、服务、配送等方面的竞争集中在哪些元素上，以及各个竞争对手在这些竞争要素上的表现。战略画布以可视化的图像形式展示了这些信息。

例如，星级酒店与快捷酒店的战略画布如图 3-12 所示。

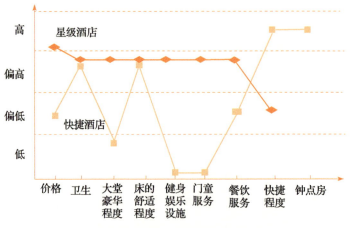

图 3-12 星级酒店与快捷酒店的战略画布

战略画布的横轴显示的是产品竞争元素（即用户选择产品时

所关注的各项元素）。例如，酒店行业的主要竞争元素有：价格、卫生、大堂的豪华程度、床的舒适度、配套设施、餐饮服务、快捷程度等。

不同行业的竞争元素通常不同：

- 对于航空公司来说，主要竞争元素有：安全性、准点率、舒适性、价格、机型、空姐仪表、餐食等。
- 对于餐饮行业来说，主要竞争元素有：口味、价格、环境、卫生、服务、上菜速度、地段、停车便利性等。

战略画布的纵轴反映了在所有这些竞争元素上用户的体验与评价，也反映了各个产品在所有这些竞争元素上的表现情况。

高分表示产品在这个竞争元素上的用户体验较好，在此元素上的投入也多。

我们把产品在所有这些竞争元素上的得分点都描绘出来，连成一条曲线，叫价值曲线（Value Curve）。价值曲线是战略画布的重要组成部分，它以图形的方式描绘出一个产品在各个竞争元素上表现的相对强弱程度，由此可以看出一个产品的战略轮廓。

3.3.2 战略画布的作用

1. 制定"蓝海"战略

众所周知，"红海"是指竞争极端激烈的市场，在"红海"市场里同质化竞争严重，利润会越来越少，到最后一些企业甚至要面临生存压力。

面对这样的情况，企业可以开辟尚未开发的市场，打开一个未知的市场空间，即"蓝海"市场。在"蓝海"市场中，没有激烈的竞争，因此会把这个市场比作没有血腥的"蓝海"，它代表着创新的需求，代表着高利润增长的机会。在这里，企业没有竞争对手，可以专注为顾客创造新的价值，因此通常可以获得高额回报。

《蓝海战略》一书提出，在企业的战略管理层面可以应用战略画布帮助企业找到"蓝海"。通过"蓝海"战略摆脱竞争，创造新的价值，实现差异化和低成本，从而获取更高利润。

2. 产品差异化创新

在产品管理层面，可以应用战略画布实现产品差异化创新。

大多数产品都深陷同质化竞争中，如果竞争对手已经取得了领先的竞争优势，与其想着如何更好，不如想想如何不一样。

与其更好，不如不同。

在战略画布中，先描绘竞品的价值曲线，然后在竞品价值曲线的基础上做"加减乘除"，这样可以描绘出与竞品完全不同的价值曲线。

3.3.3　战略画布案例

在酒店业这个非常成熟、竞争异常激烈的市场中，依旧诞生了如家、汉庭等快捷酒店上市公司。那么，它们是如何在市场中占据有利地位的？

接下来以快捷酒店为例，演示应用战略画布进行"加减乘除"的过程，希望能帮你掌握进行产品差异化创新的工具与方法。

应用战略画布绘制差异化价值曲线的关键步骤如下：

1）在战略画布的横轴上列出产品的主要竞争元素。
2）根据竞品的表现，绘制竞品的价值曲线。
3）在竞品分析的基础上，对这些基本竞争元素应用"加减乘除"的方法。
4）绘制差异化的价值曲线。

接下来以快捷酒店为例详细解说这4个关键步骤。

1. 在战略画布的横轴上列出产品的主要竞争元素

首先要找出你的产品的主要竞争元素。不同产品的主要竞争元素可能会有很大差别，在实际操作中，可以从以下两个方面去找竞争元素：

- 哪些因素会影响用户选择产品，影响用户体验？
- 哪些因素会在你的产品与竞品竞争时影响产品成败？

前面2.3.2节介绍过$APPEALS方法，在选择竞争元素也可以参考该方法，在$APPEALS方法的基础上进行选择。

找出竞争元素后，可以在战略画布的横轴上列出产品的主要竞争元素，酒店的竞争元素如图3-13所示。

2. 根据竞品的表现，绘制竞品的价值曲线

根据竞品在竞争要素上的表现，看其属于"高""偏高""偏低""低"哪个区间，在对应区间标注记号，比如，星级酒店的

价格高,就在"高"这个区间标注记号。

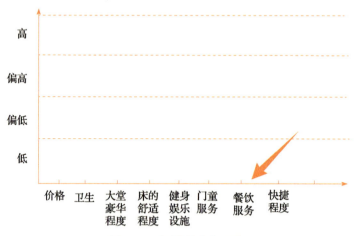

图 3-13 酒店的竞争元素

最后把这些记号连成一条曲线,即星级酒店的价值曲线,如图 3-14 所示。

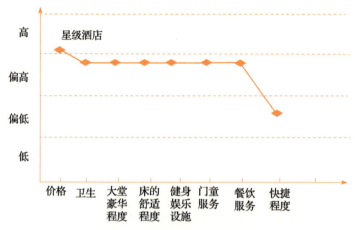

图 3-14 星级酒店的价值曲线

3. 在竞品分析的基础上，对这些基本竞争元素应用"加减乘除"的方法

应用市场调查、用户研究、亲自体验、头脑风暴等方式，在竞品的价值曲线上，对这些基本竞争元素进行加减乘除，如图3-15所示。

图3-15 快捷酒店的"加减乘除"

- 加：快捷酒店比星级酒店更快捷，特别是退房非常快，直接把房卡交给前台就可以离开了。
- 减：快捷酒店不像星级酒店那样有豪华的大堂，只有简约的前台。餐饮也不如星级酒店的自助餐，仅提供简单的早餐服务。
- 乘：快捷酒店创新性地提供了钟点房服务；通过品牌连

锁，统一装修风格、统一服务标准。
- **除**：快捷酒店没有游泳池、健身房、瑜伽课，房间也没有双人大浴缸、BOSE 音响，也没有帮忙拿行李的门童，但这些都不是必需品，把这些锦上添花的元素去掉后，价格就可以大大降低。

通过"加""乘"提升了用户价值、创造了新的需求。通过"减""除"帮助快捷酒店将成本降低到竞争对手之下。

我们可以看到，通过"加减乘除"，在实现降低成本的同时还能为用户创造新的价值。

4. 绘制差异化的价值曲线

在竞品的价值曲线的基础上做"加减乘除"之后，就可以绘制差异化的价值曲线了。快捷酒店的价值曲线如图 3-16 所示。

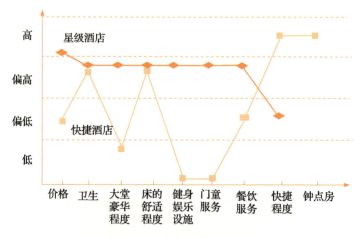

图 3-16　快捷酒店的价值曲线

3.3.4 战略画布要点

战略画布看似简单，但要用好则需要注意以下几个要点。

1. 罗列横坐标的竞争要素

- 不同行业的竞争要素不同。
- 推荐从用户的角度考虑竞争要素，可以通过用户研究、亲自体验、市场调查等方式找到竞争要素。
- 罗列竞争要素时，可以参考 $APPEALS 框架。
- 不同竞争要素的重要程度不同，要抓住主要的竞争要素。
- 发现新的竞争要素（创新点）往往是比较困难的，只通过用户访谈往往不能得到创新点，所以需要在创新思维下对用户痛点进行深刻洞察。《蓝海战略》有一句经典话语："永远不要问你的顾客要些什么！他们只知道他们看得到的，他们不知道他们见不到的，而这往往正是顾客需要的。当你为他们创造出来，顾客发觉之后，他们就会说：啊！这就是我想要的。"

2. 标注竞争要素在纵坐标上的值

- 绘制竞品的价值曲线时，我们要根据用户的评价或自己的亲自体验与感受来标注竞争要素在纵轴上的位置，如，五星级酒店的价格在"高"这个区间。
- 给自己的新产品绘制价值曲线时，要根据自己产品的定位以及目标用户的特征来判断竞争要素在纵轴上的位置，如：吉利汽车的定位是"造老百姓买得起的汽车"，所以"价格"这个竞争要素就不能高。
- 在标注竞争要素在纵坐标上的值时，我们应重点关注自己产品与竞品的相对值，而不要太纠结绝对值（如价格应该属于"高"还是"偏高")。

3. 绘制价值曲线

- 绘制价值曲线时,不要为了差异化而差异化。如果不产生用户价值,差异化是无效的。
- 价值曲线中的空缺部分意味着市场中存在竞争空白,但是,这些空白处只有当用户需要这样的产品属性组合(竞争要素组合)时才能算作机会。
- 不要为了创新而创新,能带来用户价值的创新才有意义。
- 如果几个产品的价值曲线非常相似,则表示他们之间的竞争关系很强,反之竞争关系则不强。
- 战略画布所反映的是某一时段内用户对竞品的感知,但市场不断变化,竞品也在更新换代,所以价值曲线也需要不断更新。

3.3.5 练一练

光学不练假把式!赶紧画一下你的产品与竞品的战略画布吧,如图 3-17 所示。

3.3.6 要点小结

- 与其更好,不如不同!
- 战略画布是做产品差异化创新的有效工具。
- 价值曲线是战略画布的重要组成部分,它以图形的方式描绘出一个产品在各个竞争元素上表现的相对强弱程度,由此可以看出一个产品的战略轮廓。
- 在战略画布中,先描绘竞品的价值曲线,然后在竞品价值曲线的基础上做"加减乘除",这样可以描绘出与竞品完全不同的价值曲线。

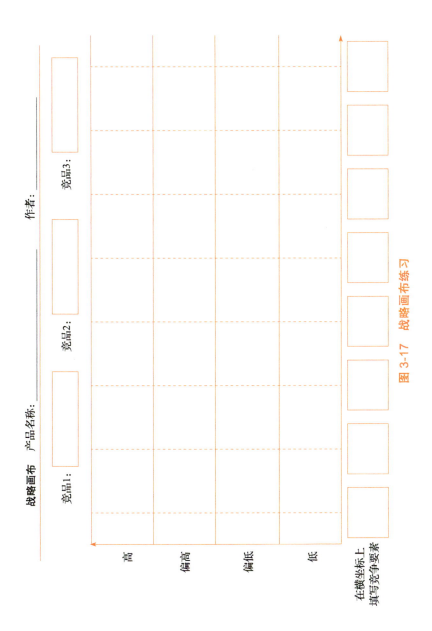

图 3-17 战略画布练习

- 不同行业的竞争要素不同，推荐从用户的角度考虑竞争要素，可以通过用户研究、亲自体验、市场调查等方式找到竞争要素。
- 罗列竞争要素时，可以参考 $APPEALS 框架。
- 不同竞争要素的重要程度不同，要抓住主要的竞争要素。
- 绘制价值曲线时，不要为了差异化而差异化。如果不产生用户价值，差异化是无效的。
- 不要为了创新而创新，能带来用户价值的创新才有意义。

第 4 章 | CHAPTER

竞品分析的常用方法

做竞品分析有很多方法，本章介绍一些常用的竞品分析方法，如比较法、矩阵分析法、竞品跟踪矩阵、功能拆解、探索需求、PEST 分析、波特五力模型、SWOT 分析、"加减乘除"等。

- **比较法**：与竞品做横向比较，深入了解竞品，并通过分析得出优势与劣势。
- **矩阵分析法**：以二维矩阵的方式分析自己的产品与竞品的定位、特色或优势。
- **竞品跟踪矩阵**：跟踪竞品的历史版本，找到竞品各版本的发展规律，以推测竞品下一步的行动计划。

- **功能拆解**：把竞品分解成 1 级功能、2 级功能、3 级功能，甚至 4 级功能，以便更全面地了解竞品的构成，避免遗漏。

- **探索需求**：挖掘竞品功能所满足的深层次的需求，以便找到更好的解决方案，提升产品的竞争力。

- **PEST 分析**：对宏观环境进行分析，以便找出机会与威胁所在。

- **波特五力模型**：对行业环境进行分析，评估某一行业的吸引力、利润率。

- **SWOT 分析**：通过 SWOT 分析找出优势、劣势、机会与威胁，以便制定竞争策略。

- **"加减乘除"**：在竞品的基础上做"加减乘除"，以便进行差异化创新。

接下来每一节将会从使用场景、使用方法、案例、注意事项等方面介绍一种竞品分析方法。需要提醒的是，每种方法各有其适用的场景，要根据实际需要选用，做竞品分析时不必用上所有的方法！

4.1 比较法

4.1.1 简介

比较法，即与竞品做横向比较，帮助深入了解竞品，并通过分析找出优势、劣势。

4.1.2 使用场景

根据比较的形式，比较法可以分为三种：打钩比较法、评分比较法、描述比较法，如图 4-1 所示。

打钩比较法	评分比较法	描述比较法
·功能 ·配置 ·特性	·用户体验设计 ·$APPEALS	·功能细节 ·界面

图 4-1 比较法的分类

1. 打钩比较法

打钩比较法可以用于产品的功能、配置、特性的对比分析。通过对比产品与竞品的功能，可以全方位地了解竞品的功能分布，为自己产品的功能规划做参考。

2. 评分比较法

评分比较法可以用于用户体验设计、$APPEALS 各要素等方面的横向比较，通过比较可以清晰直观地发现产品与竞品之间的差异，并通过分析得到产品的优势与劣势。

3. 描述比较法

描述比较法多用于功能细节、界面的比较，可以详细描述各竞品的具体表现、优缺点等。

4.1.3 使用方法

1. 打钩比较法

对竞品进行功能比较时，在表格的首行中横向列出竞品，在表格的首列中纵向列出功能点，然后评估竞品的功能，如果竞品提供了该功能，就用"√"标记，如果竞品没有提供该功能就不做任何标记，或用"×"标记。从表格中我们可以一目了然地看出不同竞品具备的功能分别有哪些，如表4-1所示。

表4-1 功能对比

功能点	竞品1	竞品2	竞品3
功能1	√	√	√
功能2		√	√
功能3	√		√

在做功能比较时，可以在表格中加入"功能共有率"这一列，如表4-2所示。

表4-2 功能共有率

功能点	功能共有率	竞品1	竞品2	竞品3
功能1	100%	√	√	√
功能2	66.7%		√	√
功能3	66.7%	√		√

功能共有率体现的是功能点在竞品中存在的比例（功能共有率＝提供某功能的竞品数量／全部竞品数量），它可以在一定程度上反映功能的重要性，帮助发掘同类竞品的核心功能，并发掘竞品的差异化功能。

如果某个功能是所有竞品都有的，则可能是产品的核心功能或基本功能；如果某个功能是某个竞品独有的，则可能是该竞品差异化的功能点。

打钩比较法也可以用于产品的配置、特性的对比分析，方法与功能比较类似。

2. 评分比较法

评分比较法通常用于用户体验设计（交互设计、信息架构、UI 设计等）评估和 $APPEALS 要素评估，是用评分的方式对竞品做出评价，以找出自身产品的优势和劣势。

这种方法通常给出 1～5 分的区间，根据产品中的某一方面或某个点的表现情况进行打分评估，如表 4-3 所示。

表 4-3　评分比较法

评测项目	评测子项目	竞品 1	竞品 2	竞品 3
用户体验设计	页面布局	5	5	3
	页面色彩	4	3	4
	logo 设计	5	4	3
	内容质量	4	3	5
	内容数量	4	4	5

3. 描述比较法

描述比较法多用于功能细节和界面的比较，用文字、表格、图片等形式详细描述各竞品的具体表现、特点、优势、劣势等。

在呈现效果上，视频的呈现效果最佳，其次是动画、图片和表格，文字的表现效果最差。我们可以根据具体条件尽量选择效果好的呈现方式。在竞品分析报告中，描述比较法通常会用"界面截屏 + 文字描述"的形式，如图 4-2 所示。

4.1.4　案例

1. 打钩比较法

图 4-3 是消噪耳机的配置对比，使用的就是打钩比较法（用"有"代表"√"）。

启动界面比较

UC WEB　　3G GO　　Opera Mini™　　QQ浏览器

分析小结：
- 3款浏览器启动时只有Opera显示进度条，UC和GO显示"启动中"，对提示用户等待的帮助不大，用户不知道还需要等待多久。
- Qx浏览器没有任何的提示。（不过启动速度快的连截图都困难，似乎已经不成为问题）
- 4款浏览器的启动时间大概都在6秒以内，用户基本都可以接受，其中QQ和UC最快在2秒左右。

图 4-2　描述比较法

选择一款适合你消噪耳机

产品型号	QC35	QC25	QC20	QC30
消噪技术	有	有	有	有
安全消噪功能	无	无	有	有
蓝牙连接	有	无	无	有
佩戴方式	头戴式	头戴式	耳塞式	耳塞式
充电方式	充电	电池	充电	充电
使用时间（正常情况下）	20 小时	35 小时	16 小时	10 小时

图 4-3　消噪耳机对比

2. 评分比较法

用评分比较法对比多个竞品在 $APPEALS 要素的表现，如表 4-4 所示。

表 4-4 $APPEALS 要素评估

$APPEALS 要素	权重	Nokia	Ericsson	Siemens	H 企业
价格	30%	7	6	6	9
供货	3%	7	7	7	9
外观因素	2%	8	8	8	7
功能	30%	7	9	8	7
易用性	11%	7	8	8	8
质量保证	9%	8	8	8	7
维护成本	10%	8	8	8	7
品牌	5%	7	9	8	6

3. 描述比较法

应用描述比较法，横向比较竞品在各个方面的具体表现，如表 4-5 所示。

表 4-5 WWW 页面浏览比较

产品	解析能力	渲染效果	输入能力	速度	流量
Opx Mini	好（通过缩放的方式展示整个 WWW 页面，基本可以正常解析网页）	一般（可以正常显示图片，JS 特效无法实现）	差（无法自动列出网站列表，需要输入单词后才能列出）	20s	360K
Qx	差（格式全乱，基本无法浏览）	差（大部分效果不能显示）	好（可以记住以前输入过的网址）	20s 以上	30K

（续）

产品	解析能力	渲染效果	输入能力	速度	流量
UxWEB	差（格式全乱，基本无法浏览）	差（大部分效果不能显示）	好（可以记住以前输入过的网址）	11s	67K

分析小结：

- 除了 Opx Mini 外，基本都无法还原 WWW 网页的效果，基本无法正常操作。
- Opx Mini 采用了缩放网页的方式实现了 WWW 网页的正常展示，但是操作环节多，不方便。
- 在浏览速度方面，UxWEB 较快，Qx 是最慢的。流量方面由于 Opx Mini 显示所有内容，流量较大。

4.1.5 注意事项

1. 打钩比较法

使用打钩比较法时应注意以下几点：

- 如果产品功能比较复杂，还要拆解成 2 级功能，甚至 3 级功能、4 级功能。拆解后再横向比较，如表 4-6 所示。

表 4-6 功能分解

一级功能	二级功能	Kik	微信	米聊
发送内容	文本	√	√	√
	表情	√	√	√
	图片	√	√	√
	语音消息		√	√
	插入收藏夹的短信			
	常用短语		√	
	地理位置		√	
	音频		√	
	视频		√	
显示模式	对话模式	√	√	√
	传统模式			

（续）

一级功能	二级功能	Kik	微信	米聊
消息提醒	状态栏提示	√	√	√
	消息提醒震动	√	√	√
	消费提醒声音	√	√	√
	弹出消息窗口			

- 有人在用比较法对比自己的产品与竞品之后得出一个结论："我们产品的优势是功能多"。这里需要注意：功能多不一定是优势，甚至，大而全可能是劣势，因为大而全的产品往往会带来很多负面效果，比如：复杂、难用、bug多、细节不精致……
- 有人在使用比较法之后得出一个结论："这些功能竞品都有，所以我们也要有。"这一点也需要看情况。竞品的用户群、产品定位与你的产品不一定相同，把竞品的好功能加到你的产品上也不一定会得到用户的喜欢。
- 功能梳理一定要细致、全面，不能遗漏。相同的功能在不同竞品之间可能存在差异，比如可能存在功能相同但是名称不同的情况，需要仔细甄别，对于相同的功能点，应该将其合并成一个。
- 如果功能分解的表格很大，最好使用Excel。
- 功能对比之后要做小结，总结你进行比较之后的发现，比如：哪些功能是核心功能？哪些功能是竞品的特色？我们可以学习借鉴竞品的哪些功能？在功能方面如何与竞品形成差异化？

2. 评分比较法

使用评分比较法时应注意以下几点：

- 最好请多个目标用户评分,并加权平均,避免带入个人偏见。
- 使用评分比较法时要给出参考标准,例如:做可用性评估时可以参考"尼尔森十大可用性原则"。
- 对比之后要做总结,找出产品的优势、劣势等。

3. 描述比较法

描述比较法以定性分析为主,容易加入太多个人主观因素,导致分析结果不客观、不可信,所以要基于事实,多用截图、有数据支持、有逻辑的推导过程。

4.2 矩阵分析法

4.2.1 简介

矩阵分析法也称 2×2 象限法、四象限分析法或定位网格,以二维矩阵的方式分析自己的产品与竞品的定位、特色或优势。手机的矩阵分析如图 4-4 所示。

图 4-4 矩阵分析法——手机

4.2.2 使用场景

矩阵分析法可以帮助我们了解市场划分、产品定位、竞争优势相关的有价值的信息,从而帮助我们做出产品的定位决策。

对已有产品来说,矩阵分析法可以帮助我们评估竞品的优势或劣势,从而明确自己产品的竞争优势;也可以帮助我们判断现有的产品是否需要重新定位,并帮助我们重新找到合理的定位。

当我们计划做一个新产品时,可以应用矩阵分析法找到新的市场机会,特别是 4 个象限中的空白区域往往潜藏着新机会。

4.2.3 使用方法

矩阵分析法看起来简单清晰,使用方法也比较简单,具体如下。

1)确定两个关键竞争要素,例如,价格与配置。这两个竞争要素应该是用户最关注的,或者是对用户最重要、会影响他们购买决策的产品属性。

2)画出二维矩阵,把两个关键竞争要素分别作为横坐标和纵坐标。

3)选择几个主要竞品。

4)根据竞品在关键竞争要素的表现,把竞品放到矩阵对应的位置。

5)在矩阵中思考自己产品的位置。

4.2.4 案例

乔布斯在 iPhone 的发布会上,从"智能""易用"这两个要素定位 iPhone,如图 4-5 所示。

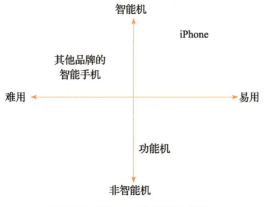

图 4-5　iPhone 的矩阵分析法

4.2.5　注意事项

使用矩阵分析法时应注意以下几点：

- 矩阵是一个模型，模型是经过抽象的结果。抽象可以帮助我们抓住重点、把握关键，但也意味着舍弃了其他一些因素。而被舍弃的其他因素并非完全无足轻重，只是相对次要而已。
- 矩阵分析法只能从两个关键竞争要素来评估产品，如果要从 3 个竞争要素分析，可以用四象限气泡图；如果要从 4 个及 4 个以上竞争要素进行分析，可以利用雷达图或者第 3 章介绍的"战略画布"这个工具。
- 用矩阵分析法绘制的矩阵所反映的是在某一时刻竞品的表现，但市场是不断变化的，竞品也会不断更新迭代，所以评估结果也要不断更新。
- 矩阵中的空白部分暗示着市场存在空白点，空白区域的竞争相对较弱，但是，还要看那个区域是不是用户感兴趣的区域，只有用户对那个区域的竞争要素组合感兴趣，它才算一个新机会。
- 矩阵分析法可以帮助我们找到一些市场机会,但并不能体现该机会存在多久,以及公司是否有资源、有能力抓住这个机会。
- 矩阵中的产品位置相邻时,表示它们之间的竞争关系很强,有很强的替代性。

4.3 竞品跟踪矩阵

4.3.1 简介

使用竞品跟踪矩阵,可以对竞品的历史版本进行跟踪记录,找到竞品各版本的发展规律,从而推测竞品下一步的行动计划。

4.3.2 使用场景

与竞争对手正面竞争就像下棋,不仅要关注竞争对手当前的状况,还需要推测竞争对手下一步的动向,并事先想好应对策略,这样才能抢占先机。

那么,怎样通过竞品已有的版本来分析竞品未来的产品规划和发展方向呢?

其实,通过对竞品的历史版本进行跟踪记录,可以直观地看出竞品的发展情况,找到竞品各版本的发展规律,并推测竞品下一步的行动计划。

如果产品团队都在一个区域办公,可以把竞品跟踪矩阵画下来贴在墙上,以便团队成员随时查看,也可以使用 Excel 表格做好跟踪记录,提高更新与传阅的便利性。

4.3.3　使用方法

竞品跟踪矩阵包括几个要素：时间、竞品每个历史版本的版本号、每个版本的变化要点以及外部环境变化，如图 4-6 所示。

图 4-6　竞品跟踪矩阵

绘制竞品跟踪矩阵可以依照以下步骤进行。

1. 获取竞品的版本记录

从 App Store 上可以查到 App 的历史版本记录，这里以 Keep 为例，如图 4-7 所示。

从七麦数据等数据网站也可以查询到 Keep 的历史版本记录。

对于当前最新版本，我们可以下载并体验它，并记录变化点。从 Keep 的启动引导页也可以快速了解该版本的核心功能，如图 4-8 所示。

第 4 章　竞品分析的常用方法

图 4-7　App Store 上的版本记录

图 4-8　Keep 的启动引导页

2. 绘制竞品跟踪矩阵

按照时间线，对竞品的各个版本变化情况进行跟踪，记录版本号以及该版本的变化情况，比如：新增了哪些功能、优化了哪些功能、删除（弱化）了哪些功能等。

同时，对外部环境的变化情况也要做好标记（例如，产品相关的政策、经济、技术、行业环境的变化），结合竞品的版本变化情况做进一步的分析解读。

3. 分析竞品的下一步动向

通过竞品跟踪矩阵，我们可以推测出竞品的版本迭代周期、投入力度，推测竞品在强化哪些功能、在弱化哪些功能，以此推测竞品的下一步动向。

4.3.4 案例

从七麦数据查询到 Keep 这款健身 App 的版本记录，如图 4-9 所示。

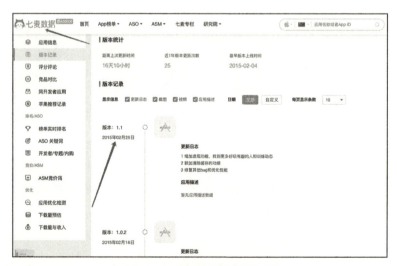

图 4-9 七麦数据查询版本记录

从版本统计可以看出，Keep 的版本更新还算比较快的，一年更新了 25 个版本，如果把所有版本都详细记录，矩阵太大会失去重点，所以在做历史版本的跟踪时，仅记录大版本，并根据历史版本的更新日志，提炼大版本之间的主要变化，如表 4-7 所示。

表 4-7　Keep 的跟踪矩阵

时间	2015.8.27	2016.4.15	2017.5.10	2017.10.19	2018.8.7
版本号	v2.0	v3.0	v4.0	v5.0	v6.0
主要变化	优化健身的基本功能（如音乐播放、训练计划）；初步建立社交功能（发现、分享、评论、达人榜等）	完善健身的基本功能（如训练音乐、课程表）；完善社交功能（好友排行榜、同城、关注、点赞等）	新增和完善了骑行、计步、跑步功能，利用简单的运动吸引更多流量；引入了商城（物流、售后、更多装备、商品分享、搜索、支持 Apple Pay）	加入了更多互动功能，更加注重用户分享环节，如：LIVE、打气、动态；完善骑行功能（接入 ofo、小蓝）、饮食模块（饮食指南、菜谱）	加入瑜伽模块；重点强化视频功能
外部事件					

从 Keep 的版本迭代过程我们可以看出，早期的 Keep 属于工具型产品，而工具型产品很容易被替代，所以 Keep 在不断构筑"护城河"，为 Keep 增加竞争壁垒。在后续的版本中，除了持续优化基本功能的用户体验，还加入了内容、社交，并与更多的合作伙伴共建健身生态圈（如共享单车、电商等），后续的产品目标应该是把 Keep 打造成一个综合性的健身平台。

背后的版本演变逻辑是：

工具＋社交＋内容＋合作伙伴＝平台

4.3.5 注意事项

使用竞品跟踪矩阵时应注意以下两点：

- 由于竞品跟踪矩阵需要耗费较多的时间和精力去长期跟踪、绘制、更新，一般对公司的核心产品以及重点竞品才会应用此方法。
- 现在很多产品的研发模式是"小步快跑、快速迭代"，产品的迭代周期很短，1个月可能会更新好几个版本，而且每个小版本的变化点也不多，如果全部记录，竞品跟踪矩阵会变得很大，容易迷失重点。解决方法是在竞品跟踪矩阵上只记录大版本，把大版本之间各小版本的变化点合并到大版本上。

4.4 功能拆解

4.4.1 简介

功能拆解是把竞品分解成一级功能、二级功能、三级功能甚至四级功能，以便更全面地了解竞品的构成，避免遗漏。

4.4.2 使用场景

通过功能拆解可以更深入、更全面地了解竞品的功能。在学习借鉴竞品的功能时，要估算开发成本以及开发周期，如果没有进行功能拆解而仅凭感觉估算，会导致偏差太大而做出错误的决策。

功能拆解可以为下一步的探索需求做准备，进而更深入地了解竞品解决的问题、满足的需求，然后构建更好的解决方案。

4.4.3 使用方法

对竞品进行功能拆解的方法有以下 4 种：

1. 按菜单导航拆解

通过竞品主界面的菜单、导航、按钮，可以快速拆解出一级功能、二级功能。

2. 按使用流程拆解

通过利用竞品完成一些业务流程，可以发现很多功能点。例如：在使用淘宝购物的整个流程中，可以发现搜索商品、查看商品详情、购物车、提交订单、结算、支付等功能。

3. 按交互操作拆解

通过竞品的交互操作方式发现功能，比如双击、长按、拖动、右键等。

移动端有更多的传感器与交互方式：滑动（上下左右）、多点触控、音量键、Home 键、返回键、耳机孔、重力感应、摄像头、数据线接入、语音输入等。这些传感器与交互方式可能会触发一些功能，这些功能往往不是显而易见的，在功能拆解时要多尝试各种交互方式，避免遗漏功能点。

例如，在微信想要发一条纯文本的朋友圈时，需要长按发朋友圈的按钮才会出现这个功能。

4. 看产品说明书拆解

竞品的产品说明书、使用手册、版本更新记录往往也会介绍竞品的主要功能。

我们要一边拆解竞品功能,一边将获得的信息记录在思维导图或填写在功能分析表上,如图 4-10 所示。

竞品功能分析	竞品名称:		版本:		网络:		作者:	
一级分类	二级分类	三级分类	四级分类	探索需求	是否借鉴此功能	总结/备注

图 4-10 功能分析表

4.4.4 案例

微信朋友圈的功能拆解(部分),如表 4-8 所示。

功能拆解也可以记录在思维导图上,这样的呈现效果也很直观。图 4-11 是纳米盒 App 功能拆解的思维导图。

第 4 章 竞品分析的常用方法

表 4-8 功能拆解-微信朋友圈

竞品名称	一级功能	二级功能	三级功能	探索需求	是否借鉴此功能	总结/备注
微信 6.0	朋友圈	新消息提示				下拉消息列表
		刷新消息				长按相机图标
		发布文字信息		寻求认可、获得存在感，满足"骄傲/虚荣"的人性级需求		
		发布图片	拍照			
			从手机相册选择			
		查看朋友发的图片	查看照片			
			发送给朋友			
			收藏			
			保存到手机			
		查看朋友发的链接	查看链接中的内容			
			分享			
		评价朋友的信息	点赞			长按朋友的头像
			评论			长按消息
		删除我的评论				长按文字消息
		设置朋友圈权限				
		收藏内容				
		复制内容				
		查看好友相册	赞封面			
			查看内容			
			查看详细资料			点击相册图片
		查看我的相册	消息列表			
			更换相册封面			
			查看详情			

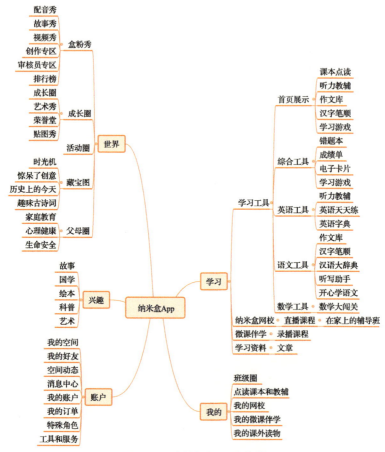

图 4-11 功能拆解 – 纳米盒

4.4.5 注意事项

使用功能拆解这一分析方法时,应注意以下几点:

- 进行功能拆解时,要拆解充分,不要遗漏,要特别注意双击、长按、拖动等操作,一些功能入口可能隐藏在这些操作中。
- 可以通过穷举法检查功能拆解的结果。

- 功能拆解的结果可以记录在 Excel 表格中，也可以记录在思维导图上。
- 功能拆解不是目的，还需要在此基础上与竞品进行横向比较分析。
- 在对竞品进行功能拆解之后，对竞品的核心功能或者想学习借鉴的功能不能照抄，要先探索需求。

4.5 探索需求

4.5.1 简介

探索需求就是挖掘竞品功能所满足的深层次的需求，以便找到更好的解决方案，提升产品的竞争力。

4.5.2 使用场景

我们看到的竞品功能都属于解决方案，而解决方案不是需求，只是表面现象，如果未经过深入分析而直接照搬功能，极有可能会出现"东施效颦"的效果。

在对竞品进行功能拆解之后，需要通过探索需求找到竞品要解决的问题、满足的需求，再去构建解决方案。

4.5.3 使用方法

我们先从一个经典的小故事说起。

一位老太太去菜市场买李子，当她到第一个水果摊时，水果摊的摊主赶紧迎上去说："老太太，我这李子又大又甜，不甜不要钱。"

老太太摇了摇头，放下李子走了。

当她走到第二个水果摊时，第二个水果摊的摊主说："您买李子是自己吃还是给别人吃啊？"

老太太："给我儿媳妇吃。"

摊主说："她喜欢吃酸的还是甜的？"

老太太："她怀孕了，想吃酸李子。"

摊主说："您找对地方了，我这李子特别酸，能酸掉牙，保证您儿媳妇喜欢吃，而且，您知道的，人们都说'酸男辣女'，您儿媳妇喜欢吃酸，准能给您生个大胖孙子！您应该多给她买酸的水果，我这里的猕猴桃也很酸！"

听完，老太太高兴地买了李子和猕猴桃回去了。

为什么第一个水果摊的摊主没卖出李子，而第二个水果摊的摊主不但卖出了李子，还额外卖出了猕猴桃？因为第一个水果摊的摊主没搞清楚用户的真实需求。老太太要买李子，但李子不是她的真实需求。

用户需求有3个层次，依次为：方案级需求→问题级需求→人性级需求，如图4-12所示。

图4-12 用户需求的层次

通常用户向我们提出的需求都是解决方案，属于方案级需求，比如，老太太说要买李子，李子就是方案级需求。

一切用解决方案描述的需求都是伪需求！

对于方案级需求，需要继续深入挖下去，看看这个解决方案到底要解决什么问题。比如，买李子是为了止吐，对应的"止吐"就是问题级需求。

问题级需求继续深挖下去，通常会找到对应的人性级需求。比如，第二个水果摊老板说的"酸男辣女""能生大胖孙子"，深深地打动了老太太的心。

一个好的产品，往往能够反映人性中最本质的需求。所以，要做一款好的产品，需要对人性进行透彻分析，满足人性深层次的需求。

第一个水果摊的摊主只捕捉到方案级需求，所以没卖出李子。

我们拿到用户的需求后，不要直接去满足这一需求，而是要挖掘方案级需求对应的问题级需求，甚至人性级需求。那么，怎么探索更深层次的需求呢？最简单有效的方法，就是多问"为什么"，此处我们推荐"5 Why 分析法"。

"5 Why 分析法"是丰田生产系统（Toyota Production System）中的一种分析方法，就是要对一个问题连续以 5 个"为什么"来发问，以追究其根本原因。

这里以丰田生产方式的创始人大野耐一曾举过的一个例子进行详细讲解：

问题 1：为什么车间的机器停了？
答案 1：因为机器超载，保险丝烧了。

问题 2：为什么机器会超载？
答案 2：因为轴承的润滑不足。

问题 3：为什么轴承会润滑不足？
答案 3：因为润滑泵失灵了。

问题 4：为什么润滑泵会失灵？
答案 4：因为它的轮轴磨损了。

问题 5：为什么润滑泵的轮轴会磨损？
答案 5：因为杂质跑到里面去了。

经过连续 5 次不停地问"为什么"，终于找到问题的真正原因，得出最后的解决方法，即在润滑泵上加装滤网。

如果没有用这种追根究底的精神来发掘问题，仅仅只是解决表面的问题，只是换根保险丝草草了事，虽然机器一时恢复正常了，但真正的问题没有解决，下次可能还会出现类似的问题。

可见，多问几个为什么，可以发现问题级需求，甚至人性级需求。哪怕只问一个为什么也比不问好！

4.5.4 案例

1. 5 Why 分析法

好的方法是不分国界的。在 2004 年，亚马逊公司内部发生了一起安全事故，一名员工的手指被传送快递包裹的传送带夹伤了，伤情严重。事故发生之后，亚马逊公司的创始人贝佐斯应用 5 Why 分析法调查出事故的根本原因：

问题 1：为什么该员工弄伤了手指？
答案 1：因为他的手指被传送带卡住了。

问题 2：为什么他的手指会被传送带卡住？

答案2：因为他的包放在传送带上，他在追他的包。

问题3：为什么他的包在传送带上？他又为什么要追他的包？

答案3：因为他把他的包放在了传送带上，然后传送带意外开始传动。

问题4：为什么他会把包放在传送带上？

答案4：因为他把传送带当成了放包的桌子。

问题5：为什么他会把传送带当成放包的桌子？

答案5：因为他的附近没有可供放包和其他私人物品的地方。

找到这个事故的根本原因后，亚马逊的最终解决方案是在合适的地点放置了可移动的桌子供员工放置个人物品，同时对员工进行了安全教育，警示传送带运作的潜在危险。后来亚马逊内部再也没有发生过同类的安全事故。

2. 探索需求

在对竞品进行功能拆解之后，可以对竞品的核心功能或者想学习借鉴的功能应用 5 Why 分析法探索需求，如表 4-9 所示。

4.5.5 注意事项

在应用 5 Why 分析法时，要注意虽为 5 个为什么，但使用时不一定是问 5 次，要找到根本原因为止，有时可能只需要问 3 次，有时也许需要问 6 次或更多次。那么在实践中到底要问几次？何时该停止发问呢？主要是看能否得到有价值的答案，如果再问下去也得不到有价值的信息就停止发问。

表 4-9 功能拆解 – 微信朋友圈

竞品名称	一级功能	二级功能	三级功能	探索需求	是否借鉴此功能	总结/备注
微信 6.0	朋友圈	新消息提示				
		刷新消息				下拉消息列表
		发布文字信息		寻求认可，获得存在感，满足"骄傲/虚荣"的人性级需求		长按相机图标
		发布图片	拍照			
			从手机相册选择			
			查看照片			
			发送给朋友			
			收藏			
		查看朋友发的图片	保存到手机			
		查看朋友发的链接	查看链接中的内容			
			分享			
			点赞			长按朋友的头像
		评价朋友的信息	评论			长按消息
		删除我的评论				长按文字消息
		设置朋友圈权限				
		收藏内容				
		复制内容				
		查看好友相册	赞封面			
			查看内容			
			查看详细资料			
			消息列表			
		查看我的相册	更换相册封面			点击相册图片
			查看详情			

4.6 PEST 分析

4.6.1 简介

PEST 分析法是对宏观环境进行分析,以便找到机会,认清威胁与挑战。

我们做产品时,产品所处的环境可以分为 3 个层次:宏观环境、行业环境、企业内部环境,如图 4-13 所示。

其中,宏观环境会影响一个行业的发展,行业环境会影响企业的发展,企业环境会影响产品的发展。

图 4-13 产品所处的环境

对宏观环境进行分析时,可以使用 PEST 工具。所谓 PEST,P 是政治(Politics),E 是经济(Economy),S 是社会(Society),T 是技术(Technology),如图 4-14 所示。

Politics 政治环境	Economy 经济环境	Society 社会环境	Technology 技术环境
・政策 ・法律 ・法规 ・政治体制	・经济增长 ・利率 ・消费 ・投资 ・就业	・人口 ・生活方式 ・教育 ・消费习惯 ・社会观念	・技术变革速度 ・产品生命周期 ・新技术构想 ・专利及保护情况 ・科技投资

图 4-14 PEST 分析的框架

- **政治环境**:主要包括政治制度与体制、政策、政府的态度等，也包括政府制定的法律、法规。
- **经济环境**：是影响产业利润的主要因素之一，国家经济环境直接影响消费者的消费能力，从而影响企业的生存环境。经济环境主要包括：GDP 及增长率、利率、汇率、通货膨胀率、失业率、消费、投资等。
- **社会环境**：消费者生存在社会环境中，而社会环境的改变直接影响了企业的发展能力。社会环境主要包括人口规模、年龄结构、人口分布、收入、生活方式、种族结构、教育、消费习惯以及社会观念等因素。
- **技术环境**：科技是企业发展的驱动力，也是企业竞争优势所在。技术环境包括技术变革速度、技术发明、专利及保护情况、国家对科技项目的投资等。

4.6.2　使用场景

宏观环境会影响产品的成败，甚至会影响公司的成败。通过 PEST 分析，可以帮助产品经理了解宏观环境变化的趋势。做产品要顺势而为，宏观环境分析往往是在产品的战略规划阶段进行。

结合 PEST 分析与波特五力模型（行业环境分析），可以归纳出 SWOT 分析中的机会与威胁。

4.6.3　使用方法

在进行 PEST 分析时，可以使用团队共创的方式与团队成员一起进行，这样不仅可以集思广益使分析效果更好，而且可以促使团队成员达成共识。

PEST 分析的具体步骤如下:

1）组建研讨团队，团队成员最好是跨角色的，人数不宜过多，7人左右比较合适。

2）团队成员都静默思考，参考 PEST 分析的框架，尽可能多地罗列出与产品有关的环境因素，写在便利贴上，每张便利贴写一个点子。

3）在一张大白纸上画出 4 个格子，分别代表 P, E, S, T，把便利贴贴在大白纸的对应格子上，合并内容相似的便利贴。

4）集体投票，每个格子选出得票较高的 3 ~ 5 个点子作为 PEST 分析的结果。

一个小家电产品团队应用团队共创的方式进行 PEST 分析，如图 4-15 所示。

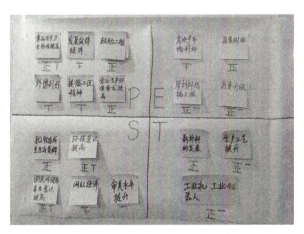

图 4-15　小家电产品的 PEST 分析

经过团队讨论、投票后得出的 PEST 分析结果，如表 4-10 所示。

表 4-10　小家电产品的 PEST 分析

宏观环境分析（PEST）	
政治 Politics	• 食品安全卫生标准提高 • 鼓励二胎 • 企业生产环保要求提高
经济 Economy	• 消费升级 • 原材料价格上涨 • 通货膨胀
社会 Society	• 国民对健康养生意识提高 • 环保意识提高 • "80 后""90 后"成为主力消费群
技术 Technology	• 生产工艺的进步 • 新型材料的进步 • 工业 4.0／工业机器人

4.6.4　案例

纳米盒 App（面向小学生的在线教育产品）的 PEST 分析如表 4-11 所示。

表 4-11　在线教育产品的 PEST 分析

宏观环境分析（PEST）	
政治 Politics	政策持续刺激促进教育信息化产业的发展，包括支持三通两平台、微课、创客、STEAM 教育
经济 Economy	• 国家与家庭投入拉动需求，资本推动行业竞争； • 消费升级、知识付费的习惯养成
社会 Society	• 移动互联网已经渗透到大众生活的每一个角落 • 二胎开放 • "70 后""80 后"家庭普遍重视教育
技术 Technology	• 大数据智能分析 • 语音识别与评测 • 视频与直播互动 • 智能设备与终端 • 3D 打印、AR、VR 等技术出现与完善，不断优化教学

4.6.5 注意事项

使用 PEST 分析时应注意以下几点：

- 除了 PEST 分析框架，还有其他宏观环境分析框架，例如，PESTLE，DEPEST。
    - PESTLE：在 PEST 的基础上加上 LE，L 是法律（Legal），E 是环境（Environment）。
    - DEPEST：在 PEST 的基础上加上 DE，D 是人口统计学（Demography），E 是生态学（Ecology）。
- 可以根据你的产品特性选择适合的分析框架，但应用得最多的还是 PEST 分析法。
- 宏观环境随时都会发生变化，PEST 分析要及时更新。

4.7 波特五力模型

4.7.1 简介

波特五力模型用于对行业环境进行分析，从而评估某一行业的吸引力和利润率。

波特五力模型是迈克尔·波特（Michael Porter）于 20 世纪 80 年代初提出的。他认为，一个行业存在 5 种基本竞争力量，它们是同行业现有竞争者之间的竞争、潜在进入者的威胁、替代品的威胁、供应商的议价能力以及购买者的议价能力，如图 4-16 所示。

1. 同行业竞争者

这种竞争力量是企业所面对的最强大的一种力量，评估时要特别关注同行业中现有竞争者的数量和竞争强度。

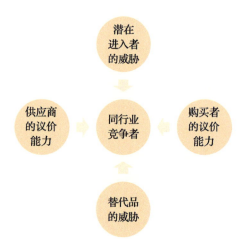

图 4-16　波特五力模型

2. 潜在进入者的威胁

如果一个行业的进入门槛很低,或者利润空间很大,必然导致大量的新进入者涌进这个行业。新进入者进入该行业,会抢夺市场份额,与现有企业激烈竞争,使产品价格下跌;另一方面,新进入者要获得资源进行生产,可能会使行业生产成本升高。这两方面都会导致行业的利润水平下降。

3. 替代品的威胁

替代品虽然与你的产品形式不同,但能满足相同的需求,可以相互替代,所以也会影响你的产品的市场份额。替代品的价格如果比较低,它投入市场就会使本行业产品的价格上限只能处在较低的水平,这就限制了本行业的利润。

4. 供应商的议价能力

供应商的议价能力的强弱,主要取决于供应商行业的市场现状以及他所提供商品的重要性。供应商如果提高供应价格，或者降低供应产品或服务的质量，就会使下游行业利润下降。

5. 购买者的议价能力

购买者会要求降低产品价格，或要求高质量的产品和更多的优质服务，这就会使行业的竞争者们相互竞争，导致行业的利润水平下降。

这 5 种竞争力量的强度，决定着这个行业的竞争激烈程度，从而决定着行业保持高收益的能力和获利的最终潜力。

4.7.2　使用场景

波特五力模型用于对行业环境进行分析，从而评估某一行业的吸引力、利润率，为企业进军一个新行业提供决策参考依据。

此外，波特五力模型与 PEST 分析配合使用可以找出机会与威胁所在，并利用 SWOT 分析得出竞争策略。

4.7.3　使用方法

在使用波特五力模型进行分析时，可以使用团队共创的方式与团队成员一起分析，这样不仅可以集思广益使分析效果更好，而且可以促使团队成员达成共识。

应用波特五力模型的具体步骤如下：

1）组建研讨团队，最好是跨职能团队，团队成员不宜过多，7 人左右比较合适。

2）确定产品所在行业时需要从两个方面进行考虑：产品所

属行业与覆盖的地理范围（该行业的竞争是区域性的、国内的、还是国际的？）。

3）团队成员都静默思考，参考波特五力模型的框架，找出行业内的重要竞争力量（同行业竞争者、潜在进入者、替代品、供应商、购买者），写在便利贴上，每张便利贴写一种竞争力量。

4）在一张大白纸上画出5个格子，分别代表同行业竞争者、潜在进入者、替代品、供应商、购买者，把便利贴贴在大白纸的对应格子里，合并内容相似的便利贴。

5）依据竞争力量的强弱集体投票，每个格子选出得票较高的2～5种竞争力量作为波特五力模型的结果。

一个小家电产品团队应用团队共创的方式做波特五力模型分析，如图4-17所示。

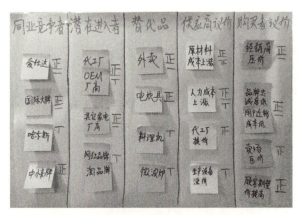

图4-17　小家电行业的波特五力模型

经过团队讨论、投票而得出的波特五力模型如图4-18所示。

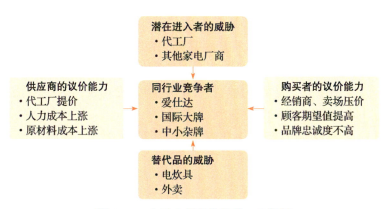

图 4-18 小家电行业的波特五力模型

4.7.4 案例

纳米盒 App 的波特五力模型如图 4-19 所示。

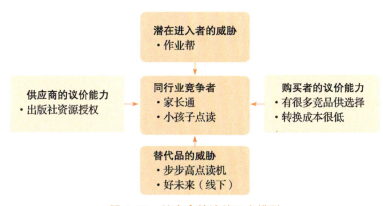

图 4-19 纳米盒的波特五力模型

4.7.5 注意事项

使用波特五力模型时需要注意以下几点：

- 除了波特五力模型的 5 种力量，不要忽视第 6 种力量：权力！把 PEST 分析与波特五力模型配合使用，就不会忽视这一点。
- 要从全球化的大背景下考虑竞争格局。
- 从自己产品的视角寻找与评估各种竞争力量，不要把行业的范围定义得太宽泛或太狭窄。
- 行业环境是动态变化的，要随时更新波特五力模型。

4.8 SWOT 分析

前面 2.5.2 节介绍了 SWOT 分析的概念和基本原理，这里不再赘述。

4.8.1 使用场景

SWOT 分析是竞品分析的一种常用方法，通过 SWOT 分析得出优势、劣势、机会、威胁，以便制定竞争策略。因此，SWOT 分析经常用于企业战略分析、竞争对手分析等场合。

4.8.2 使用方法

SWOT 分析的基本使用步骤为：

1）分析产品相对于竞品的优势（S）、劣势（W）。优势与劣势的参考要素如图 4-20 所示。

这些参考要素的作用相当于检查清单（Check List），可以避免遗漏。需要注意的是，这些参考要素并非都是必须的，要根据竞品分析的目标、分析维度进行选择，最后整理得到的优势与劣势一般每种不超过 5 个。

优势的参考要素	劣势的参考要素
・核心技术 ・充足的资金 ・良好的客户认可度 ・市场份额 ・生产率 ・产品/服务质量 ・管理团队 ・优秀员工 ・专利 ・内部流程 ・生产成本 ・研发能力 ・好的渠道 ・杰出战略 ・品牌	・核心竞争力 ・过时的厂房 ・陈旧的信息系统 ・缺乏资金 ・没有相应的专业知识 ・产品质量 ・原材料供应紧张 ・管理水平 ・低劣品牌 ・内部权力斗争 ・高成本结构 ・低水平的营销队伍 ・渠道伙伴不靠谱 ・产品单一

图 4-20　优势与劣势的参考要素

2）分析产品面临的外部机会（O）与威胁（T），它们可能来自外部环境因素的变化，也可能来自竞争对手力量的变化（机会、威胁可以通过 PEST 分析与波特五力模型的分析得到）。

机会与威胁的参考要素如图 4-21 所示。

机会的参考要素	威胁的参考要素
・经济增长 ・消费升级 ・二胎政策 ・开拓新市场 ・相关领域的多元化拓展 ・转向海外 ・及时掌握新技术 ・满足新消费群体 ・兼并其他公司 ・有利的政策法规 ・加入战略联盟 ・并购机会	・不断增加的竞争压力 ・替代产品出现 ・市场增长放缓 ・汇率波动 ・贸易政策改变 ・客户削减投资 ・人力成本持续增加 ・经济衰退 ・需求变化 ・政府管制条例 ・不断提升的消费者期望 ・影响环保

图 4-21　机会与威胁的参考要素

同优势、劣势的参考要素相同,这些参考要素并非都是必须的,要根据竞品分析的目标、产品所在的行业进行选择,最后整理得出的机会与威胁一般每种不超过 5 个。

3)将外部机会和威胁与产品内部优势和劣势进行匹配,形成备选竞争策略与行动计划。虽然前文已介绍过,这里再强调一下。

根据 SWOT 分析,可以得到很多竞争策略的可选项:

- 扬长(发挥优势)
- 避短(规避劣势)
- 趋利(抓住机会)
- 避害(避开威胁)

还可以把优势、劣势与机会、威胁进行组合,以得出更多的竞争策略,如图 4-22 所示。

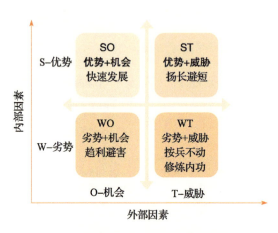

图 4-22　通过 SWOT 分析得出竞争策略

- SO 战略就是依靠内部优势去抓住外部机会的战略。

- WO 战略是利用外部机会来克服内部劣势的战略。
- ST 战略就是利用企业的优势去避免或减轻外部威胁的战略。
- WT 战略就是直接减少内部劣势和避免外部威胁的战略。

SWOT 分析也可以采用团队共创的方式来做，方法与"PEST 分析"类似。

4.8.3 案例

很多产品经理都是从技术人员、项目经理转型过来的，如果你作为一名技术人员想转型做产品经理，不妨先做个 SWOT 分析，如图 4-23 所示。

优势
- 学习能力强
- 逻辑思维
- 熟悉业务流程
- 与研发有共同语言

劣势
- 工程师思维
- 与人打交道的能力不足
- 产品知识技能不足
- 缺乏全局观

机会
- 产品岗需求大
- 成长空间大
- 不受年龄限制

威胁
- 转型磨合期是痛苦的
- 机会成本
- 转型可能失败

图 4-23 技术转产品的 SWOT 分析

腾讯起初主要是做端游，后来随着移动互联网的兴起，开始考虑是否开展手游业务，这是腾讯当时判断是否进入手游领域做的 SWOT 分析，如图 4-24 所示。

图 4-24　腾讯判断是否进入手游领域做的 SWOT 分析

4.8.4　注意事项

SWOT 分析看似简单，但在实际应用中却容易用错，在使用时要注意以下几点：

- 优势与劣势是内部的因素，机会与威胁是外部的因素。
- 优势与劣势一定是跟竞品比较后得出的，不能自以为是、自欺欺人。
- 优势与劣势、机会与威胁包括的范围很广，所以列出的参考要素要跟竞品分析的目标、分析维度相关才有意义，一般每种要素数量控制在 5 个以内。
- 通过比较、分析、推导的过程得出的优势与劣势才有说服力，不能直接列出 SWOT 分析的结果。

- 优势与劣势是跟竞品比较后得出的，而竞品在不断变化，外界的环境也在不断变化，所以 SWOT 分析不是一成不变的，不同阶段做的 SWOT 分析结果可能完全不同。
- 列出 SWOT 并不能得到有价值的竞争策略，要通过进一步分析得到可落地的行动计划才有意义。
- 通过 SWOT 分析得到的竞争策略可选项不一定都是可行的，我们做决策时要从中挑选出比较合理的竞争策略，在实践中不断验证并灵活调整。

4.9 加减乘除

4.9.1 简介

在竞品的基础上做"加减乘除"，以便进行差异化创新。

4.9.2 使用场景

大多数产品都深陷同质化的竞争，如果竞争对手已经取得了领先的竞争优势，与其想着如何比他更好，不如想想如何和他不一样。

与其更好，不如不同。

我们可以应用"战略画布"工具与"加减乘除"方法帮助产品进行差异化创新。

4.9.3 使用方法

在战略画布中，先描绘竞品的价值曲线，再在竞品的价值曲线的基础上做"加减乘除"，这样可以描绘出与竞品完全不同的价值曲线，实现产品的差异化创新。

应用战略画布及"加减乘除"绘制差异化的价值曲线的关键步骤如下：

1）在战略画布的横轴列出产品的主要竞争元素。
2）根据竞品的表现，绘制竞品的价值曲线。
3）在竞品的基础上，对这些竞争元素应用"加减乘除"的方法。

- 加：哪些竞争元素的表现可以比竞品好一些？用户对竞品的现状有哪些不满意的地方？针对以上问题，我们可以有目的地进行优化。
- 减：哪些竞争元素的表现可以比竞品差一些？看看竞品是否在功能上过度设计，所提供的超过用户所需的功能徒然增加成本却没有好效果。我们通过弱化这些竞争元素来降低成本。
- 乘：哪些元素是同行中从未有过的，可以创新？也就是要发现并创造新的用户价值，提升产品的竞争力。
- 除：哪些元素是被同行认定为是理所当然的，需要删除？删除为了竞争而攀比的元素，这些元素经常被认为是理所当然的，虽然他们不再具有价值，甚至还减少了产品的价值。

4）绘制差异化的价值曲线。

4.9.4 案例

理发业是一个非常成熟、非常传统的行业，我们来看一看理发业是如何实现差异化的。

我们在战略画布上画出一般理发店的价值曲线，如图4-25所示。

图 4-25　一般理发店的价值曲线

而诞生于日本的理发店 QB House，年赚 40 亿日元，理发只要 10 分钟、1000 日元，而且不推销办卡。这是如何做到的？QB House 的"加减乘除"如图 4-26 所示。

图 4-26　QB House 的加减乘除

我们在一般理发店的价值曲线基础上，通过"加减乘除"，可以绘制出 QB House 与一般理发店截然不同的价值曲线（如图 4-27 所示），避免与一般理发店的同质化竞争，实现了差异化。

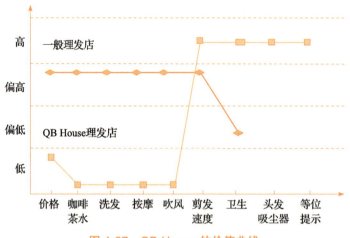

图 4-27　QB House 的价值曲线

这与众不同的价值曲线就体现了产品差异化，不仅体现在用户价值方面的差异，在价格方面也比竞争对手低。

QB House 的用户价值是"10 分钟令人焕然一新"，而且只要 1000 日元！

QB House 诞生至今，已经成为日本最成功的连锁理发店。而这家公司居然是由一个从来没有开过理发店的"外行"创办的，通过"与其更好，不如不同"的差异化竞争策略，对这个非常传统、成熟的理发行业进行了令人耳目一新的改造。

现在这种模式也逐渐在国内流行起来，如图 4-28 所示。

图 4-28 借鉴 QB House 模式的理发店——QC HOME

4.9.5 注意事项

在使用"加减乘除"方法时应注意以下几点：

- 从用户的角度考虑差异化，可以通过用户研究、亲自体验、市场调查等方式找到用户对各个竞争要素的期望值，对竞品低于预期的地方做加法，对竞品高于预期但用户不在意的地方可以考虑做减法或除法。
- 不同竞争要素的重要程度不同，抓住主要的竞争要素做"加减乘除"。

4.10 要点小结

竞品分析的各种方法各有其适用的场景，要根据实际需要选用，不必用上所有的方法！

- **比较法**：与竞品做横向比较，深入了解竞品，并通过分析找出优势与劣势。
- **矩阵分析法**：以二维矩阵的方式分析产品与竞品的定位、特色或优势。
- **竞品跟踪矩阵**：跟踪竞品的历史版本，找到竞品各版本的发展规律，以推测竞品下一步的行动计划。
- **功能拆解**：把竞品分解成1级功能、2级功能、3级功能，甚至4级功能，以便更全面地了解竞品的构成，避免遗漏。
- **探索需求**：挖掘竞品功能所满足的深层次的需求，以便找到更好的解决方案，提升产品的竞争力。
- **PEST 分析**：对宏观环境进行分析，以便找出机会与威胁所在。
- **波特五力模型**：对行业环境进行分析，以便找出机会与威胁。
- **SWOT 分析**：通过SWOT分析找出优势、劣势、机会与威胁，以便制定竞争策略。
- **"加减乘除"**：在竞品的基础上做"加减乘除"，以便进行差异化创新。

以上介绍的竞品分析方法之间有关联之处，在实际应用中，会组合应用多种方法，这些方法之间的联系如图4-29所示。

- 功能拆解后通常会进行功能对比（打钩比较法）。
- 功能拆解后如果要学习竞品的功能，要先探索用户更深层次的需求。
- 在做SWOT分析时，会通过比较法、矩阵分析法找出优势与劣势。

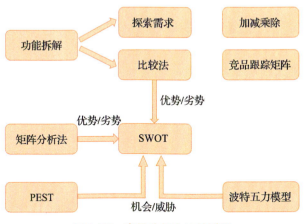

图 4-29 竞品分析方法的联系

- 通过 PEST 分析、波特五力模型可以帮助我们找出机会与威胁。
- 做 SWOT 分析时会涉及多种方法(比较法、矩阵分析法、PEST、波特五力模型等)。

第 5 章 | CHAPTER

写一份靠谱的竞品分析报告

前面几章介绍了竞品分析的流程、工具与方法，并跟着案例"练一练"完成了竞品画布的练习，最后就要输出一份竞品分析报告了。

竞品分析报告是竞品分析的重要输出物，是竞品分析的总结与成果，可以说，写竞品分析报告是竞品分析过程中最关键、最有价值的一步。

竞品分析报告本质上是沟通与交流的一种形式，通过报告将竞品分析的结果、对产品的建议及其他有价值的信息传递给读者，帮助他们做决策并制订行动计划。

下面将介绍竞品分析报告的结构与形式，以及写竞品分析报告的要点，并提供几种典型的竞品分析报告案例，帮助读者写好竞品分析报告。

5.1 竞品分析报告的结构和形式

5.1.1 竞品分析报告的结构

当你拿到体检报告时，翻开封面最想看到什么？应该是体检的结论——本次体检到底有没有问题、有什么问题。一份合格的体检报告不会直接向你展示各种体检数据，而是会分成3个部分：

- **总述**：告诉你本次体检的结论。
- **分述**：各项体检项目的具体数据与结果。
- **总结与建议**：报告的总结，以及建议你下一步应该怎么做。

竞品分析报告跟体检报告一样，也有类似的结构。最经典的报告结构是"总—分—总"结构，它包括总述、分述和总结3大部分，如图5-1所示。

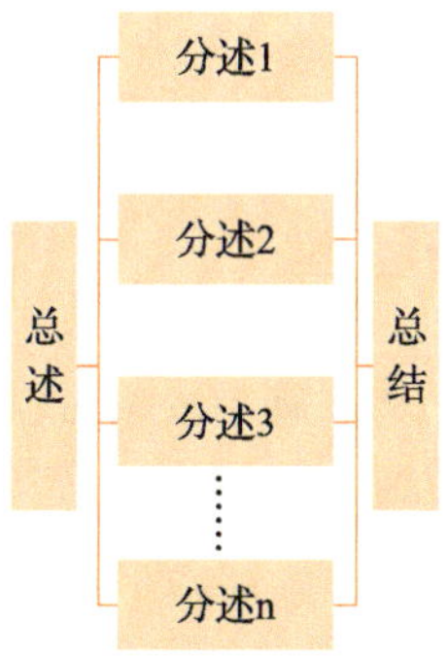

- **总述**：包括竞品分析的背景、目的、目标、分析的思路、报告的目录、关键发现（类似论文前面的摘要）。
- **分述**：主要按分析维度划分

图5-1 竞品分析报告的结构

章节，介绍每个分析维度的具体分析过程与小结。
- **总结**：包括结论、对产品提出的建议、行动计划、附录等。

我们先来看一个小故事：

明朝《礼部志稿》里有个典故：洪武九年（1376年）十二月，刑部主事茹太素向朱元璋上了一份奏折，长达17000字，朱元璋看了一会儿头晕眼花，就让中书郎王敏念给他听。王敏念了一个时辰，才念了不到一半。更重要的是，朱元璋听了半天完全不知道奏章里说了些什么，他的暴脾气当场发作，怒斥："虚词失实、巧文乱真，朕甚厌之！"马上将茹太素招来，不客气地训斥了一顿。

朱元璋消了气，第二天又让王敏接着念。王敏又花了很长时间才念完。茹太素这篇奏章长达17000字，最后500字才正儿八经地提出了5点工作建议。朱元璋一听，这些建议还是挺有前瞻性与可操作性的，就采纳了其中4条建议。

事后，朱元璋感慨地说："当大臣不容易，当皇帝又容易吗？茹太素提出的意见与建议，明明500个字就能说得清清楚楚，非要整一大堆没用的，真耽误事情！"为此，朱元璋规定行政文书要更加简洁明了，不可繁文冗章，"颁示中外，使言者陈得失，无繁文。"

从这则小故事可以看出，茹太素在工作汇报时，违反了金字塔原理的"结论先行"原则，导致读者花了很长的时间依然没有抓住要点，体验很差。

我看到很多人在写竞品分析报告时，容易忽略"总述"部分，特别是"关键发现"部分。很多竞品分析报告都很长，有的报告是上百页的 PPT，而大部分读者（特别是高管）没有时间也没有耐心去通篇仔细阅读竞品分析报告，他们最关心的是竞品分析报告中最关键的要点，特别是结论与建议。**所以我们要充分考虑读者的阅读体验，结论先行，把竞品分析的关键发现、要点总结放到前面。**

前文提过，"分述"部分是报告的主体内容，会记录竞品分析的整个过程，一般会按照分析维度划分成几个章节，介绍每个分析维度的具体分析过程与小结。

报告的总结部分是对整个报告的综合与总结，篇幅不长，却是得出分析结论、提出建议、解决问题的关键所在，起到画龙点睛的作用，是整个报告最有价值的部分。报告的建议是通过竞品分析对产品所面临的问题提出的解决方法，以及可以采取的竞争策略或行动计划。

竞品分析报告的典型文档结构如图 5-2 所示。

这个文档结构属于经典的"总—分—总"结构，在编写竞品分析报告时可以参考。当然，这个文档结构往往不是一成不变的，根据不同的读者、竞品分析目标、篇幅、使用场景，需要编写成不同的结构，根据实际需要进行调整。注意，在裁剪一些节点时需要考虑清楚，比如，"关键发现"这一节点只有当报告篇幅比较小的时候才可以裁剪；如果没有对产品的评测，"评测环境"可以不用写。

图 5-2　竞品分析报告的文档结构

5.1.2 竞品分析报告的形式

1. 格式

大多数竞品分析报告都是以 PPT 的格式呈现，不过不限于 PPT，还可以有 Word、Excel、思维导图等格式，这些格式各有其优势。

- Word 在同等页数的情况下可以包含较多的文字信息量，适合阅读，但不适合做演示汇报。
- Excel 对表格支持较好，用来做功能拆解及功能横向对比更合适，但不适合做演示汇报。
- PPT 可以加入丰富的元素，展示效果较好，适合做演示汇报。需要注意的是，PPT 不适合包含大篇文字。当你使用 PPT 格式写竞品分析报告时，要避免"Word 型 PPT"，也就是把 PPT 当作 Word 使用，在 PPT 页面中加入大量的文字，这样在演示时观众很难看清楚，体验很差。

思维导图也是比较流行的工具，其特点是逻辑清晰、层次结构分明，在竞品分析时可以用来整理思路，也常用来做功能拆解，表达产品的逻辑结构。

2. 种类

与竞品分析相关的报告有很多种，包括市场分析报告、竞品分析报告、产品分析报告、产品体验分析报告等。按照宏观到微观排序，依次为市场分析报告、竞品分析报告、产品分析报告、产品体验分析报告。这几种分析报告的具体关系如图 5-3 所示。

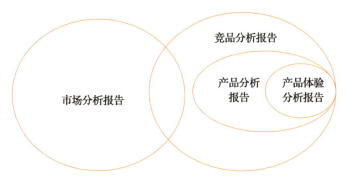

图 5-3 竞品分析与其他分析的关系

（1）市场分析与竞品分析有些交集

做市场分析时，有时也会做竞品分析，市场分析报告会包含竞品分析的内容；做竞品分析时，根据分析目标，也可能会做市场分析，所以竞品分析报告也会包含市场分析的内容。

（2）竞品分析包含产品分析

做竞品分析时，若竞品分析的目的是学习借鉴，这时竞品分析就相当于产品分析。

（3）产品分析包含产品体验分析

产品分析可以对产品商业模式进行分析，也可以对产品的用户体验设计进行分析。如果是对产品的用户体验设计进行分析，此时的产品分析就是产品体验分析。产品体验分析报告的分析框架可参考 5.1.3 节。

以上这几种分析报告的具体区别如表 5-1 所示。

表 5-1 竞品分析报告与其他分析报告的区别

报告类型	分析目的	产品数量	分析维度
市场分析报告	● 寻找市场机会 ● 帮助产品定位	● 比较宏观，大多没有对产品进行具体分析	● 市场规模 ● 增长趋势 ● 市场份额 ● 竞争状况 ● 市场机会 ● 市场细分 ● 用户画像 ● 产品分析
竞品分析报告	● 竞争 ● 学习借鉴 ● 市场预警	● 1～5，多数为 2～3个	● 产品视角（功能、设计、技术、团队、运营等） ● 用户视角（$APPEALS）
产品分析报告	● 学习借鉴	● 多数为一个	● 产品设计（用户体验要素） ● 产品商业模式分析（精益画布）
产品体验分析报告	● 学习借鉴	● 多数为一个	● 产品设计（用户体验要素）

3. 形式

大多数竞品分析报告都是一份独立的文档。不过，有的竞品分析不需要写一份独立的竞品分析报告，而是作为其他文档的一部分。产品规划报告、商业计划书、新产品立项申请报告、市场分析报告中通常都会包含竞争对手分析的内容。

图 5-4 是一份产品规划报告的目录结构，其中第三、第四部分都包含了竞争分析相关的内容。

5.1.3 产品体验分析报告的分析框架

产品体验分析报告属于竞品分析报告的一种类型，主要对产品的用户体验设计进行分析。

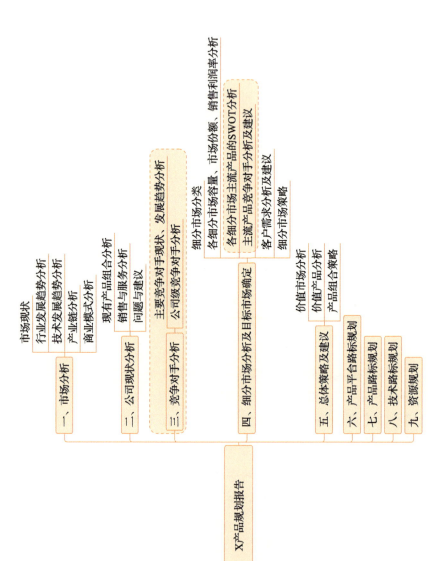

图 5-4 产品规划报告中的竞品分析

在《用户体验要素：以用户为中心的产品设计》一书中介绍了一种包含 5 个层面、10 个要素的产品设计模型，如图 5-5 所示。

"用户体验要素"的 5 层模型是产品设计与用户体验设计的经典指导框架，也可以作为产品体验分析的分析框架。

接下来按照自下而上的顺序介绍"用户体验要素"的 5 层模型。

1. 战略层（Strategy）

本层次的用户体验要素包含两方面：用户需求、产品目标。

做任何一个产品，首先要满足用户需求：用户为什么要用这个产品？用户想从这个产品得到什么？做产品还要满足企业的需求，要从企业的角度思考：企业想通过这个产品得到什么？企业为什么要投入资源做这个产品，即产品的商业目标是什么？

图 5-5 "用户体验要素"的 5 层模型

用户需求、产品目标是推出一个产品的根本出发点。例如，淘宝的用户需求是淘到物美价廉的商品。产品目标是构建一个 C2C 电商平台。

2. 范围层（Scope）

本层次的用户体验要素包括功能规格、内容需求。

范围层是指产品要提供哪些功能和内容来满足战略层的用户需求和产品目标。

范围层由战略层的用户需求和产品目标决定。试想，一个无法满足用户需求的产品，用户会满意吗？能达到商业目标吗？所以，分析用户需求并将用户需求转化为产品功能与内容，也变得至关重要。例如，淘宝的功能需求是搜索商品、查看商品详情、购物车、结算、支付等。内容需求则包括海量的可供挑选的商品以及详细的商品介绍。

3. 结构层（Structure）

本层次的用户体验要素包括交互设计、信息架构设计。

交互设计将产品中提供的很多功能点组织在一起，提供顺畅的交互流程，帮助用户达到用户目标。例如，淘宝通过交互设计把"搜索商品、查看详情、加入购物车、结算、支付"等功能点组织在一起，一步一步地引导用户买到想要的商品。

很多产品中包括海量的内容，如新闻类、微信读书、京东、优酷、抖音等App，而信息架构设计通过有效地组织产品中的内容，可以帮助用户方便地找到他想要的内容。

例如，淘宝中有海量的商品，通过商品分类、搜索、扫码、系统推荐等方式可以帮助用户找到心仪的商品。

4. 框架层（Skeleton）

本层次的用户体验要素包括三个方面：界面设计、导航设计、信息设计。

框架层体现了页面的结构和布局以及页面中交互元素的位置，例如，广告栏的位置、按钮的位置等。淘宝 App 顶部是搜索栏，中部展示内容，底部放标签式导航栏。底部标签式导航是最常用的导航形式，符合用户的使用习惯。

5. 表现层（Surface）

本层次的用户体验要素主要是视觉设计。

表现层是最直观的。用户接触一个产品时看到的所有文字、色彩、图片都属于这一层面。表现层决定了用户的第一印象，同时可以通过形状大小、字体大小、颜色深浅等因素来影响用户感知，以达到设计的目的。例如，橙色是阿里的品牌色，淘宝 App 中大量应用了橙色，进一步强化了品牌认知。

关于用户体验要素 5 层模型的更多内容，可参考后文 5.4.3 节的案例。

5.2　用产品思维撰写竞品分析报告

在第 2 章 "竞品分析的 6 个步骤" 的第一步 "明确目标" 中提到：可以把竞品分析当作一个产品去做，用产品思维做竞品分析。因此，开始写竞品分析报告前，再次审视如下几个问题，有助于我们更好地写好竞品分析报告：

1. 用户是谁？

竞品分析文档是写给谁看的？读者是哪些人？他们关心什么内容？

2. 为什么要做竞品分析？

想通过竞品分析解决什么问题？

当前产品处于什么阶段？面临最主要的问题是什么？竞品分析的目标是什么？

3. 使用场景是什么？

竞品分析报告在什么场合下使用？是发给别人阅读，还是在会议上演示？你有多长演示时间？如何给读者更好的阅读体验？

竞品分析的输出物是一份独立的报告，还是属于其他文档的一部分？

4. 用一页纸的竞品画布低成本验证试错

先花一点时间填写一页纸的竞品画布，跟领导确认好竞品、分析维度等内容后再去做竞品分析、写竞品分析报告，这样可以大大降低返工的风险。

5.3 写竞品分析报告的几点建议

关于如何写好竞品分析报告，这里给出如下几点建议，如图 5-6 所示。

图 5-6 写竞品分析报告的建议

1. 看用户，选形式

竞品分析报告的内容和形式相辅相成，良好的呈现形式可以强化内容的有效传递。

不同的用户对报告的形式可能有不同的偏好,竞品分析人员可以通过与用户的沟通,及时了解用户对报告形式的偏好。例如,

- 有人是视觉型的,喜欢自己阅读报告;
- 有人是听觉型的,更愿意面对面地听取汇报。
- 该用户喜欢纸质版还是电子版?喜欢简约的 PPT,还是信息量丰富的 PPT?
- 该用户喜欢短小简练、强调结论的报告,还是喜欢将结论以及相关研究过程都详细呈现出来的报告?这些都是竞品分析人员在写竞品分析报告之前就要了解清楚的。

竞品分析人员要根据竞品分析报告的汇报对象、使用场景选择合适的报告形式,以用户乐于接受的形式提供竞品分析报告,并以用户乐于接受的方式对报告进行包装。例如,美国前总统里根不喜欢读报告,情报人员就以录像带的方式向他"讲述"情报。

2. 多维度,易协作

竞品分析报告通常包括多个分析维度,涉及多个专业领域,比如,市场、技术、设计、运营等。竞品分析人员对其不擅长的专业领域可能分析得不够专业,此时可以通过专业分工与协作来解决。例如:技术领域的分析维度请技术人员来完成分析、撰写报告;设计领域的分析维度请设计师来完成分析、撰写报告。

通过分工协作可以提升整个竞品分析报告的专业度。

3. 可执行,可维护

竞品分析报告得出的结论、给出的建议、提出的下一步行动计划必须是可执行、可落地的,也就是具备可操作性,泛泛

而谈、不能落地的结论没有意义。例如，"要加大产品创新力度""要重视产品的用户体验"，这样的结论和建议就是空泛的，没有意义的。

写竞品分析报告通常不是一次性就可以完成的，要经常迭代更新。为了监测外部环境的变化，我们要定期做竞品分析，或者随着竞品的新版本及时更新。所以竞品分析报告的PPT源文件、原始数据、分析的过程数据等都要保存好，以便下次做竞品分析时使用。

4. 存素材、有来源

竞品分析报告中的素材、信息来源、分析的过程数据等都要保存好，并标记好资料的来源与出处。明确指出资料的来源，体现了工作的严谨。此外，信息获取的渠道也可以侧面衡量数据的可信度和价值。

对于无法获取的竞品数据，如果这些数据会影响决策与结论，可以在报告中进行说明，而不要臆造数据！无法获取竞品数据是可以理解的，毕竟我们不能获取所有的数据，但编造假数据会误导决策，产生不良后果。

在引用外部数据时，可以在图表中标注数据来源，也可以在PPT页面的备注中标注观点来源、数据来源等。

5.4 竞品分析报告案例解析

接下来分享3个比较有代表性的竞品分析报告案例：

- 《腾讯手机浏览器竞品分析报告》：一份独立的竞品分析报

告，体现了竞品分析报告的经典写法。
- 《Airbnb 商业计划书》：商业计划书中涉及竞品分析，竞品分析属于商业计划书的一部分。
- 《纳米盒产品分析报告》：产品分析报告，属于竞品分析报告的一种类型。

5.4.1 腾讯手机浏览器竞品分析报告

本案例通过解读一份腾讯的手机浏览器竞品分析报告，展示竞品分析报告的经典写法，供读者在写类似的竞品分析报告时参考。

这份独立的竞品分析报告一共29页，为了节约篇幅，本书对报告中相似的页面作了裁剪，只保留了报告的整体框架结构以及关键内容。

在图 5-7 所示的报告封面中，建议加上作者名字，这样读者在阅读时如有疑问可以与其沟通确认。

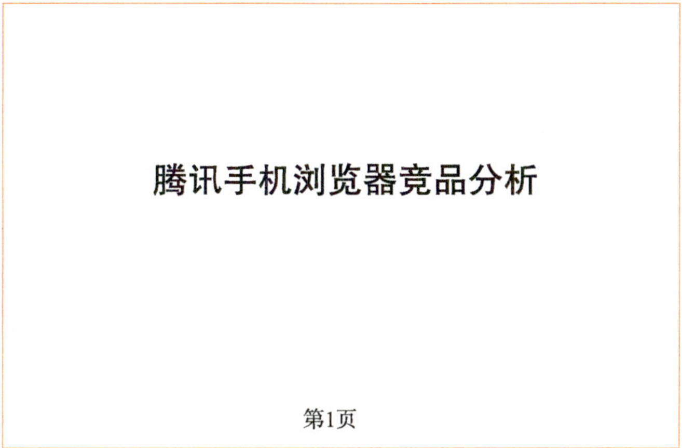

腾讯手机浏览器竞品分析

第1页

图 5-7　腾讯竞品分析报告—封面

此外，在不同的时间做竞品分析，由于外部环境的变化、竞品的迭代升级，竞品分析的结果也会不同，所以在报告封面中也需要说明竞品分析的日期。

从图 5-8 的目录结构可以看出，报告的框架采用经典的"总—分—总"结构：

- 总：说明竞品分析的背景与目的；如果报告很长，建议加上"关键发现"。
- 分：按分析维度组织章节。
- 总：竞品分析的结论与总结。

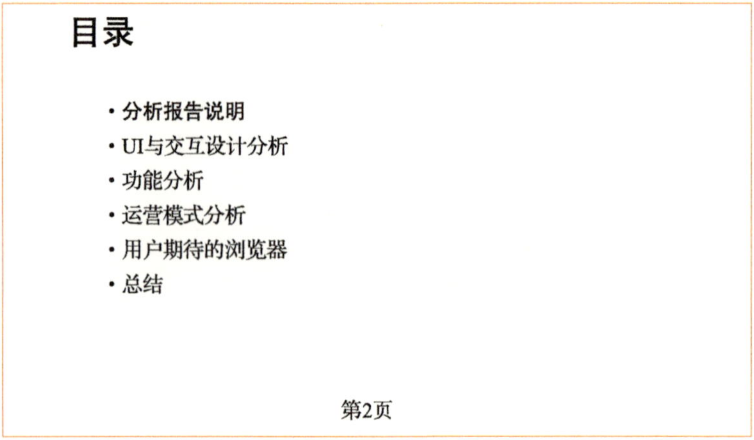

目录

- 分析报告说明
- UI与交互设计分析
- 功能分析
- 运营模式分析
- 用户期待的浏览器
- 总结

第2页

图 5-8　腾讯竞品分析报告—目录

图 5-9 介绍竞品分析的目的（为产品规划提供参考依据）、分析的角度（用户的角度）与侧重点（设计、功能、WWW 转换）。

这一部分内容根据实际需要还可以说明自己产品当前的状况：所处的阶段、面临的主要问题、希望通过竞品分析达成的目标等。

分析报告说明

- 从手机客户端的设计原则出发,**从用户的角度**对业内流行的几款手机浏览器的**UIUE、功能**等各个方面进行评测分析,得出客观的结论。
- 本份报告在基本功能评测的同时,更关注WWW转换方面的评测分析,为后期的手机浏览器WWW方面的规划提供参考依据。

第3页

图 5-9　腾讯竞品分析报告——分析报告说明

图 5-10 介绍了选择的竞品与评测环境。

测试机型:N78
运行内存:70M
网络环境:中国移动 GPRS

评测对象:
UCWEB	V7.2 S60V3	770K
QQ浏览器	V1.2Build0450	641K
GO浏览器	V1.5	4.53M
Opera Mini	V5.0.18755	264K

第4页

图 5-10　腾讯竞品分析报告——评测对象及环境

需要注意的是，竞品的版本号是必须标明的，因为不同版本的评测结果可能不同。评测环境也要写清楚，这会影响评测结果。另外，最好还要写清楚选择竞品的理由。

图 5-11 展示了报告中间的目录页，它起到导航的作用，使读者了解当前的位置。

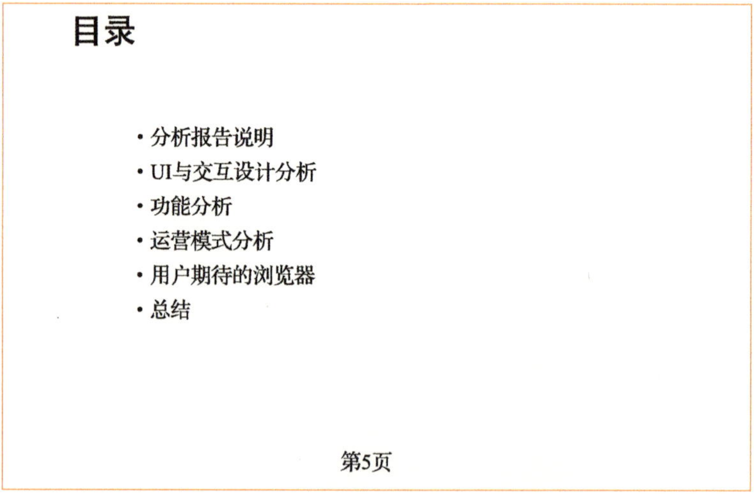

目录

- 分析报告说明
- UI与交互设计分析
- 功能分析
- 运营模式分析
- 用户期待的浏览器
- 总结

第5页

图 5-11　腾讯竞品分析报告—目录页

报告接下来以分析维度为单位逐步介绍，首先是 UI 与交互设计分析。图 5-12 展示了对评测方向与侧重点的介绍。

图 5-13 展示的是对竞品的启动界面的比较。采用最常见的竞品分析方法——描述比较法，通过界面截图，横向比较竞品的表现并进行小结。

接下来介绍功能分析的维度。

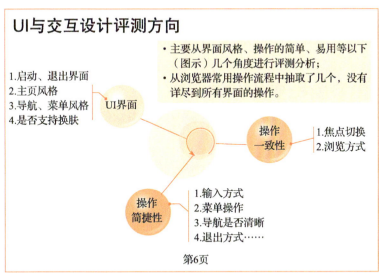

图 5-12　腾讯竞品分析报告—UI 与交互设计评测方向

图 5-13　腾讯竞品分析报告—启动界面比较

图 5-14 采用描述比较法,横向比较竞品的表现并进行小结。表格的形式比一大段的纯文字描述更加清晰直观。

对比点-WWW页面浏览

产品	解析能力	渲染效果	输入能力	速度	流量
Opx Mini	好（通过缩放的方式展示整个WWW页面,基本可以正常解析网页）	一般（可以正常显示图片,JS特效无法实现）	差（无法自动列出网站列表,需要输入单词后才能列出）	20s	360K
Qx	差（格式全乱,基本无法浏览）	差（大部分效果不能显示）	好（可以记住以前输入过的网址）	20s以上	30K
UxWEB	差（格式全乱,基本无法浏览）	差（大部分效果不能显示）	好（可以记住以前输入过的网址）	11s	67.6K

分析小结:
- 除了Opx Mini外,基本都无法还原WWW网页的效果,基本无法正常操作。
- Opx Mini采用了缩放网页的方式实现了WWW网页的正常展示,但是操作环节多,不方便。
- 浏览速度GOx和UxWEB较快,Qx是最慢的。流量方面由于Opx显示所有内容,流量较大。

第9页

图 5-14　腾讯竞品分析报告—www 页面浏览比较

由于分析方法类似,为了节约篇幅,省略了"运营模式分析""用户期待的浏览器"这两个维度的内容,接下来介绍总结部分。总结部分是整个竞品分析报告中最有价值的部分,也是最能体现报告作者功力的部分。

图 5-15 展示了对前面各个维度的分析的总结。

竞品分析的结果要能够指导行动、落实到下一步的产品工作中才有价值。要注意,行动计划必须具体,具备可操作性、可落地性,如图 5-16 所示。

图 5-15 腾讯竞品分析报告—总结

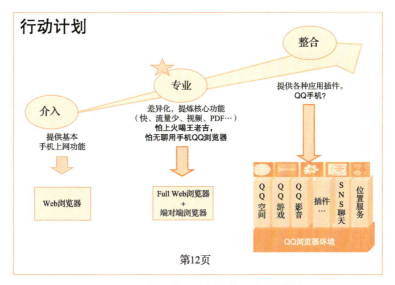

图 5-16 腾讯竞品分析报告—行动计划

5.4.2　Airbnb 商业计划书中的竞品分析

Airbnb 是一个旅行房屋租赁平台，房东可以通过 Airbnb 的网络平台将闲置的房屋租售，并供全球住客选用。旅客可通过网站或手机应用程序搜索"度假房屋租赁信息"并在线预订。

Airbnb 成立于 2008 年 8 月，总部设在美国加州旧金山。成立至今，业务已覆盖全球 190 多个国家，34000 多座城市。

Airbnb 早期的商业计划书简单明了，虽然只有 13 页 PPT，但却清晰地阐明了商业模式。这份商业计划书是 Airbnb 天使轮融资使用的商业计划书，融资需求为 50 万美金。凭借着成功的天使轮迈出了关键的一步，Airbnb 如今发展成为 250 多亿美金市值的公司，已经远超凯悦、万豪酒店集团，并与希尔顿不相上下。

俗话说，浓缩就是精华，我们来看看"Airbnb"这个简明扼要的商业计划书以及其中的竞品分析部分。

图 5-17 展示了 Airbnb 商业计划书的欢迎页面，其用一句话简明扼要地介绍 Airbnb。

图 5-17　Airbnb 商业计划书—欢迎页面

Airbnb 是 AirBed and Breakfast 的缩写，Airbnb 的创业故事始于 AirBed&Breakfast。

2008 年，两个刚毕业的年轻人来到旧金山寻找创业机会。穷困潦倒之际，他们发现很多前来参加旧金山工业设计大会的人租不到旅馆，于是他们决定出租自己的房子，提供"三个气垫床"（AirBed）加"一份免费的早餐"（Breakfast）。这也是他们创业的灵感来源。

图 5-18 展示了当前市场和用户的痛点：人们对酒店价格敏感，传统酒店使得人们与当地文化隔离，没有一个平台能便利地预订当地人的房间或让当地人成为房东。

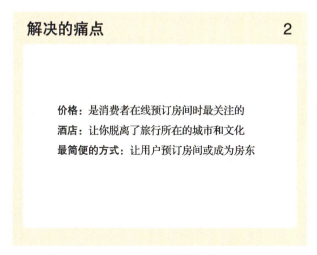

图 5-18　Airbnb 商业计划书—解决的痛点

图 5-19 展示了针对痛点，Airbnb 提供的解决方案：提供一个能够让当地人向游客出租房间的平台，在这个平台上，游客订房性价比更高，能更好地感受当地文化，也能让房东挣钱。

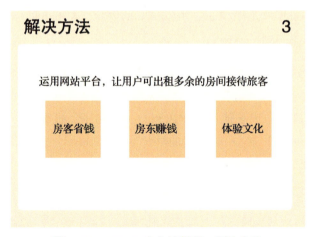

图 5-19　Airbnb 商业计划书—解决方法

图 5-20 展示了 Airbnb 从两个相关平台的数据来佐证市场需求。Couchsufing 是一个国际非盈利性沙发客网站，在 2008 年已经有 66 万用户；Craigslist 是一个大型免费分类广告网站，仅 2008 年 7 月 9 日至 16 日一周的时间里发布了 5 万个新的房源。

图 5-20　Airbnb 商业计划书—市场的验证

图 5-21 展示了市场规模以及未来的潜在发展空间。

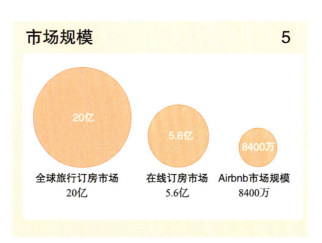

图 5-21　Airbnb 商业计划书—市场规模

图 5-22 展示了产品的原型以及简单的使用流程：搜索你要去的城市→查看可预订的房间列表→预订房间。

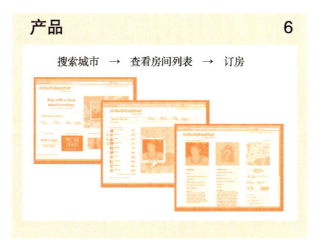

图 5-22　Airbnb 商业计划书—产品

图 5-23 介绍了 Airbnb 的盈利模式。Airbnb 有非常清晰的盈利模式，作为交易平台依靠收取佣金来获取利润。

图 5-23　Airbnb 商业计划书—盈利模式

图 5-24 列举了三种推广方案：

1）通过与 Airbnb 目标用户匹配的赛事活动进行事件营销；
2）与合作伙伴资源置换；
3）在第三方平台发布房源信息引导流量。

图 5-25 展示了竞争对手分析。Airbnb 通过价格、交易平台类型这两个维度，很清晰地把这个市场的主要参与者划分为 4 个象限，明确了 Airbnb 的定位以及与竞争对手的差异。

Airbnb 的定位是做性价比最高的线上交易平台。Airbnb 在这里应用的产品定位方法就是第 4 章中介绍的矩阵分析法。

图 5-26 展示了 Airbnb 相对于其他竞争对手的竞争优势。这

些竞争优势与前面第 2 页介绍的"解决的痛点"相呼应。竞争优势是投资人非常关心的部分，不可忽视。

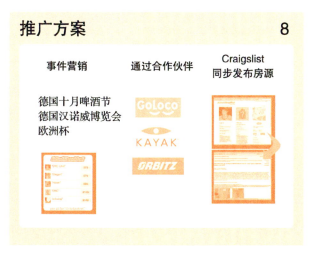

图 5-24　Airbnb 商业计划书—推广方案

图 5-25　Airbnb 商业计划书—竞争对手分析

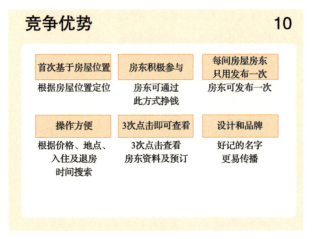

图 5-26　Airbnb 商业计划书—竞争优势

图 5-27 展示了 Airbnb 的创始团队。在创业的早期阶段，投资人做投资决策时更多是看创始团队。因此，通过介绍团队的资历、经验背景可以说服投资人。

图 5-27　Airbnb 商业计划书—团队介绍

用户说好才是真的好。图 5-28 展示了 4 个用户代表，分别肯定了 Airbnb 不同的几个方面：体验很好、性价比高、便捷、与当地人互动交流。

图 5-28　Airbnb 商业计划书—用户反馈

图 5-29 展示了 Airbnb 商业计划书的最后一页，介绍了清晰的融资条件和目标：天使轮融资 50 万美元，支撑未来 12 个月做到 8 万笔交易，实现 200 万美元收入。

以上即这份商业计划书的全部内容，可以看出写得非常简洁精练，把一个创业项目的核心方面以及投资人关心的主要问题都介绍清楚了，很值得创业者学习借鉴，产品经理在写新产品立项报告时也可以参考。

这个商业计划书中有两页跟竞品分析有关：竞争对手分析、竞争优势。在产品立项报告、产品规划报告、市场分析报告中也都有竞品分析的相关内容。

图 5-29　Airbnb 商业计划书—融资条件

5.4.3　纳米盒产品分析报告

本案例介绍纳米盒的产品分析报告[⊖]。产品分析报告属于竞品分析报告的一种类型。做竞品分析时，若竞品分析的目的是学习借鉴，这时竞品分析就相当于产品分析。

做产品分析时，既可以对产品商业模式进行分析，也可以对产品的用户体验设计进行分析。 如果是对产品的用户体验设计进行分析，此时的产品分析就是产品体验分析。如今，网络上找到的竞品分析报告很多都属于产品体验分析报告。

下面通过介绍纳米盒的产品体验分析、商业模式分析，剖析其产品分析报告，帮助读者了解产品分析的框架与方法。图 5-30 展示了纳米盒产品分析报告的封面。

⊖ 限于篇幅，书中省略了一些内容，完整版可通过关注笔者的微信公众号（微信搜索"张在旺"）获取。

第 5 章 写一份靠谱的竞品分析报告

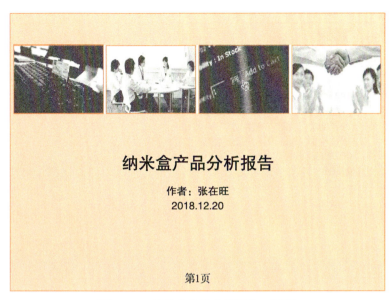

图 5-30 纳米盒产品分析报告—封面

从图 5-31 所示的报告目录结构可以看出，报告按照"总—分—总"结构编写。接下来将按照这个目录结构介绍纳米盒产品分析报告的主要内容。

1. 分析背景

由图 5-32 所示的分析背景可以看出本次产品分析的目的是"学习借鉴"（他山之石，可以攻玉），属于竞品分析的一种类型。

报告内容较多，有几十页，按照金字塔原理的"结论先行"原则，要把产品分析的关键发现提前告知读者，如图 5-33 所示。

评测对象的不同版本、不同的评测环境会影响产品分析的结果，所以在产品分析报告中要注明评测对象的版本号、评测环境，如图 5-34 所示。

目录

❖ 分析背景
❖ 纳米盒简介
❖ 纳米盒产品体验分析
　▪ 战略层：目标用户、用户画像、产品目标
　▪ 范围层：功能、内容
　▪ 结构层：交互设计、信息架构
❖ 纳米盒商业模式分析
❖ 总结

第2页

图 5-31　纳米盒产品分析报告——目录

分析背景

❖ 分析目的：他山之石，可以攻玉。
❖ 从用户的角度、产品的角度分析纳米盒App，以"用户体验要素"作为分析框架，重点分析战略层、范围层和结构层。
❖ 以精益画布作为分析框架分析纳米盒的商业模式。

第3页

图 5-32　纳米盒产品分析报告——分析背景

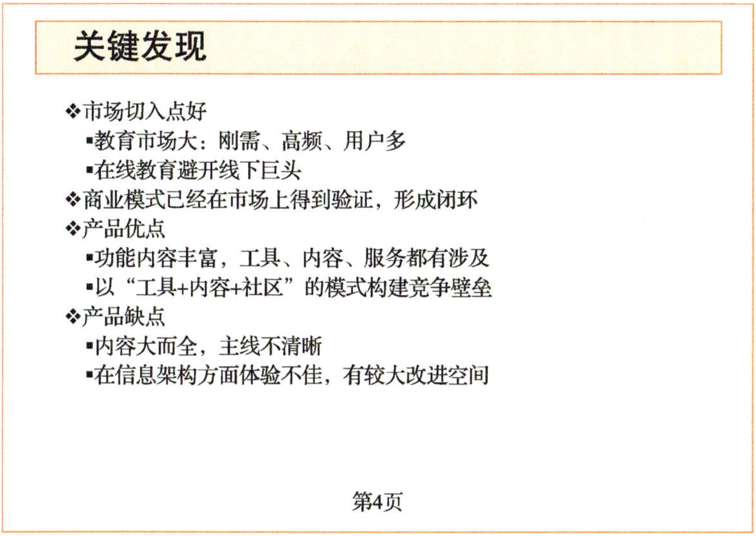

关键发现

- ❖ 市场切入点好
  - ▪ 教育市场大：刚需、高频、用户多
  - ▪ 在线教育避开线下巨头
- ❖ 商业模式已经在市场上得到验证，形成闭环
- ❖ 产品优点
  - ▪ 功能内容丰富，工具、内容、服务都有涉及
  - ▪ 以"工具+内容+社区"的模式构建竞争壁垒
- ❖ 产品缺点
  - ▪ 内容大而全，主线不清晰
  - ▪ 在信息架构方面体验不佳，有较大改进空间

第4页

图 5-33　纳米盒产品分析报告—关键发现

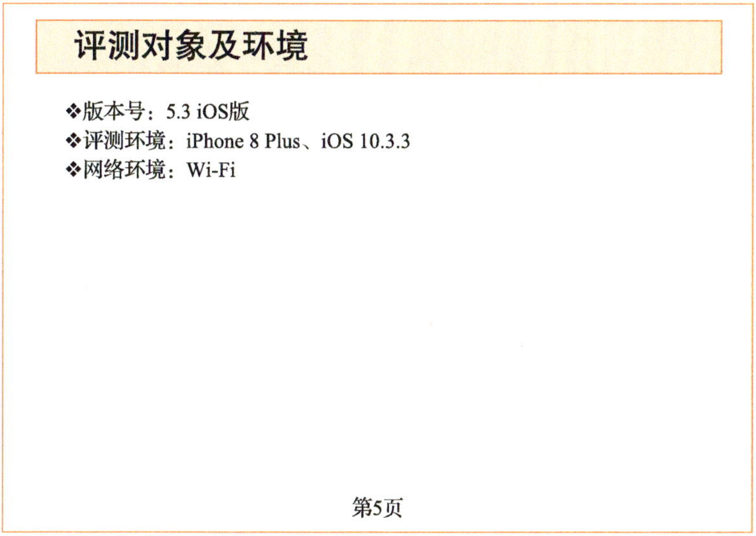

评测对象及环境

- ❖ 版本号：5.3 iOS版
- ❖ 评测环境：iPhone 8 Plus、iOS 10.3.3
- ❖ 网络环境：Wi-Fi

第5页

图 5-34　纳米盒产品分析报告—评测对象及环境

2. 纳米盒简介

图 5-35 所示的页面可以帮助读者了解纳米盒。这里为了节约篇幅，省略了一些介绍纳米盒的页面。读者可以自己下载并体验纳米盒 App，体验更多内容。

图 5-35　纳米盒产品分析报告——纳米盒简介

3. 纳米盒产品体验分析

接下来以"用户体验要素"的 5 层模型（如图 5-36 所示，前文已在 5.1.3 节中介绍）作为产品体验分析框架，自下而上，逐层分析纳米盒的产品设计。

（1）战略层

首先是战略层，分析纳米盒的用户需求与产品目标。

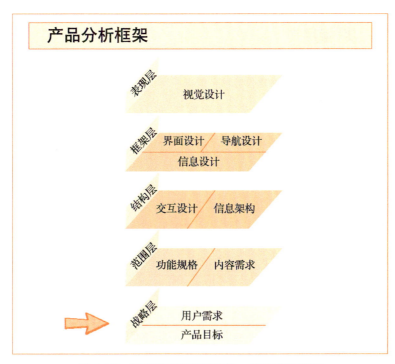

图 5-36 纳米盒产品分析报告—产品分析框架

用户需求的分析包括目标用户分析、场景分析、需求分析、用户画像等。

图 5-37 展示的是纳米盒的目标用户分析。纳米盒的目标用户有两个群体：一是 6～12 岁的小学生，二是小学生的父母。

图 5-38 展示的是纳米盒的核心用户分析。虽然主要是小学生在使用纳米盒 App，但是小学生的父母对选择产品、引导小孩使用以及付费环节起着关键的作用，所以小学生的父母是核心用户，其中妈妈更关键。从百度指数可以看出，搜索纳米盒的用户多数是妈妈。

目标用户

❖用户定位
- ▪小学生、准备幼升小的孩子、家长。

❖用户细分
- ▪小学生的父母；
  - •“70后”“80后”；
  - •白领、上班族、中低收入人群、重视教育的人。
- ▪小学生
  - •6～12岁；
  - •学习自主性稍差，需要家长的辅助与监促的孩子；
  - •非留守儿童。

第13页

图 5-37　纳米盒产品分析报告—目标用户

核心用户

❖小学生的父母是核心用户

❖在家庭教育方面，妈妈是主角

第14页

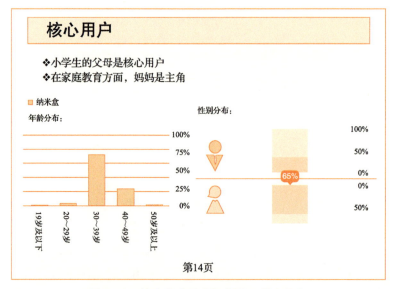

图 5-38　纳米盒产品分析报告—核心用户

百度搜索纳米盒的指数趋势呈现有规律的波峰波谷：寒暑假时波谷、开学时波峰，如图 5-39 所示。这个数据能够反映出家长借助纳米盒辅导孩子学习的需求。

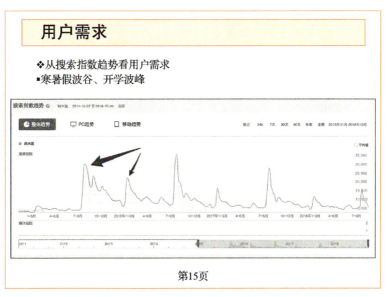

图 5-39　纳米盒产品分析报告—用户需求

用户画像（Persona）主要描绘用户的基本属性、行为特征、需求与期待等，是真实用户的虚拟代表，能代表产品的主要受众和目标群体，在产品设计领域得到广泛应用。

根据用户的差异性，可以把目标用户划分为多种类型，每种类型会形成一个用户画像，一个产品大概需要 4～8 种类型的用户画像。

图 5-40 是妈妈的用户画像，此外还可以有爸爸、孩子的用户画像。

> **用户画像**
>
> ❖ 陈晓慧
>   - 女，35岁
>   - 大学毕业，在IT公司上班
>   - 有个8岁的女儿，二年级
>   - 家庭月收入2万多 
>
> ❖ 行为特征
>   - 重视教育，下班后辅导小孩写作业、预习、复习
>   - 主要是她负责小孩的学习，爸爸基本不管
>
> ❖ 需求
>   - 工作繁忙，没有太多闲暇时间教小孩
>   - 辅导小孩并不专业，特别是发音不标准，怕教错
>   - 怕小孩学习落后，内心常有焦虑感
>
> 第17页

图 5-40　纳米盒产品分析报告—用户画像

纳米盒的产品定位是做家长的秘书、孩子的伙伴。

对家长来说，纳米盒要成为爸爸妈妈在教育孩子过程中的贴心秘书，从工具层面、内容层面、沟通层面给家长提供帮助。

对孩子来说，纳米盒要具备一定的人工智能特性，能模拟一定的人物情感，成为孩子的虚拟玩伴，进而通过卡通角色将其形象化，衍生出更广阔的产品空间。

纳米盒的产品目标：以点读工具作为切入点，吸引核心用户，并通过内容的聚合，打造内容平台；通过社区的构建，打造信息与交流的平台。纳米盒的最终目标是形成垂直领域的入口，如图 5-41 所示。

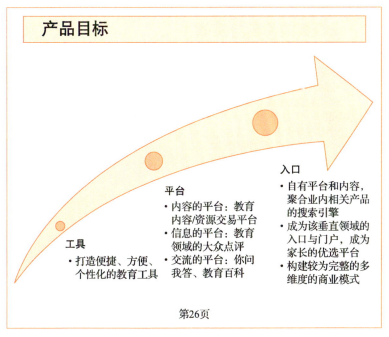

图 5-41 纳米盒产品分析报告—产品目标

纳米盒的盈利模式比较清晰,以内容付费为主。近年来,经过知识付费的市场教育与用户习惯的培养,越来越多的用户愿意为优质内容付费,而且年轻的父母也更愿意为子女的教育付费,这对纳米盒的未来发展是利好消息。然而,纳米盒在战略层也面临不少问题与挑战,如图 5-42 所示。

(2)范围层

接下来是范围层,分析纳米盒的功能规格和内容需求。

图 5-43 是纳米盒 App 的功能拆解。拆解到 4 级功能。图 5-44 是纳米盒 App 的功能分类,可以看出,纳米盒的功能非常丰富。

战略层的问题与挑战

- ❖ 非刚需
  - 辅助性的（课堂教学为主）
  - 需求不如作业答疑类强烈：作业帮、小猿搜题
  - 小学生自主性差，需要家长督促
- ❖ 风险
  - 版权受制于人
  - 内容收费高会导致用户流失
- ❖ 手机点读的缺点（家长的担忧）
  - 影响视力
  - 沉迷游戏
  - 娱乐性太强

第33页

图 5-42 纳米盒产品分析报告—战略层的问题与挑战

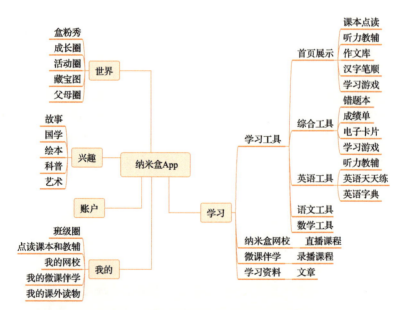

图 5-43 纳米盒产品分析报告—功能拆解

> ## 功能分类
>
> ❖ **实用工具**：小学课本点读、汉语大词典（含汉字笔顺）、英汉词典、作文库、听写助手、小学课本磁带播放（含复读）、微课堂（错题精讲、幼小衔接、英语课课练、英语口语练、数学口算），帮助小学生预习、复习、完成作业。
> ❖ **引起兴趣**：通过英语启蒙视频、有声故事、连环画、中英文绘本、音乐天地、国学精粹、科普乐园，吸引小朋友以及家长使用。
> ❖ **用户运营**：盒粉秀（故事秀、视频秀、中文配音秀、英文配音秀）、错题本（类似论坛）、成绩单（类似论坛）、成长圈（类似论坛）、时光机（通过活动与用户互动，增加黏性及活跃度，设奖品）、父母学校（教育方法论，鸡汤），增加用户黏性及活跃度，促进用户使用分享。
> ❖ **变现产品**：微店（字帖、算术题等电子商品）、微课堂（错题精讲、幼小衔接、英语课课练、英语口语练、数学口算）、小学课本磁带播放以及课本点读。
> ❖ **支付产品**：我的积分、我的盒币、我的红包。
>
> 第39页

图 5-44　纳米盒产品分析报告—功能分类

图 5-45 展示了纳米盒的核心功能。从功能分布看，纳米盒的核心功能是工具，但已经不是一个单纯的工具产品，而是通过内容与社区加强用户的黏性、构建竞争壁垒，也符合战略层的产品目标——打造平台、形成入口。

针对家长对孩子使用智能手机的担忧，纳米盒也提供了一些特色功能，如不良姿势提醒、保护视力等，如图 5-46 所示。

纳米盒除了提供丰富的功能外，在内容方面也提供了多种版本的教材以及丰富的教辅材料，如图 5-47 所示。

在功能方面，纳米盒也存在一些值得改进的地方，如图 5-48 所示。

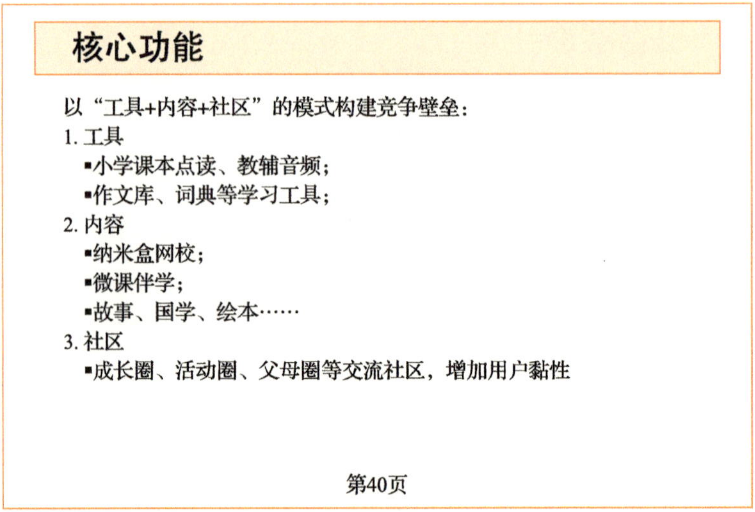

核心功能

以"工具+内容+社区"的模式构建竞争壁垒：
1. 工具
   - 小学课本点读、教辅音频；
   - 作文库、词典等学习工具；
2. 内容
   - 纳米盒网校；
   - 微课伴学；
   - 故事、国学、绘本……
3. 社区
   - 成长圈、活动圈、父母圈等交流社区，增加用户黏性

第40页

图 5-45　纳米盒产品分析报告—核心功能

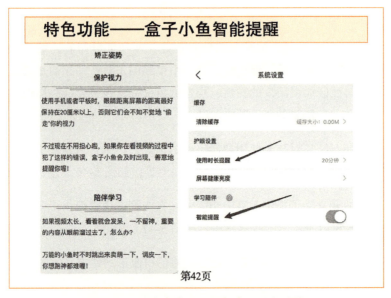

第42页

图 5-46　纳米盒产品分析报告—特色功能

内容丰富

❖ 支持多种版本的教材、丰富的教辅材料

图 5-47　纳米盒产品分析报告—内容丰富

功能方面的改进建议

❖ 以用户角色的形式对用户画像，记录用户的特征、使用偏好、历史数据、知识薄弱点，以便提供个性化服务。
❖ 支持多个角色的切换（大宝、二宝）。
❖ 游戏化学习的机制，增加趣味性。
❖ 每次启动的时候，不要都提示"需要授权打开通知"。

图 5-48　纳米盒产品分析报告—功能改进建议

（3）结构层

结构层主要是对交互设计、信息架构进行分析。

交互设计把产品中的功能点组织在一起帮助用户达到目标。图 5-49 是纳米盒的引导用户付费的交互设计流程。

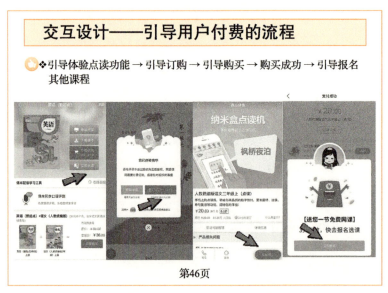

图 5-49　纳米盒产品分析报告——付费交互设计

由于纳米盒功能繁多，在操作方面会显得复杂，所以在交互设计方面需要优化，如图 5-50 所示。

在信息架构设计方面，纳米盒提供了搜索、分类、导航、快捷方式等方式，帮助用户找到关心的内容，如图 5-51 所示。

纳米盒在信息架构方面也存在需要优化的地方，如图 5-52 所示。

第 5 章 写一份靠谱的竞品分析报告

图 5-50 纳米盒产品分析报告—点读交互设计

图 5-51 纳米盒产品分析报告—信息架构设计优势

信息架构

❖ 已经在点读时设置了"3年级上学期",在选择教辅材料时,应该直接列出3年级上学期的教辅。

第50页

图 5-52 纳米盒产品分析报告—信息架构需优化之处

对纳米盒信息架构设计的改进建议,如图 5-53 所示。

信息架构的改进建议

❖ 以用户角色的形式对用户画像,记录用户的特征、使用偏好、历史数据、知识薄弱点,以便提供个性化服务。
❖ 支持多个角色的切换(大宝、二宝)
❖ 千人千面(个性化首页)
  ▪ 根据用户画像(地区、年级、使用偏好等),在功能模块中只显示适合该用户的内容,不要把所有内容都列出来给用户选择
  ▪ 每到新学期、新学年,适配的内容自动更新
  ▪ 每次用户打开应用,直接进入上次的界面(如:点读课本的页面)
❖ 多设备的进度同步
  ▪ 同一用户在iPhone、iPad上点读的进度不一致

第53页

图 5-53 纳米盒产品分析报告—信息架构的改进建议

对结构层做了分析之后，再往上一层是框架层。框架层关注界面设计、导航设计、信息设计等。纳米盒的导航设计如图 5-54 所示。

图 5-54　纳米盒产品分析报告—导航设计

用户体验要素的 5 个层次自下而上由抽象逐渐变得具体。前面分析的战略层、范围层、结构层比较抽象；而框架层、表现层比较具体，可以直观地看到、感知到，所以框架层、表现层的其他几个用户体验要素在本案例中就不展开描述了，读者可以自己下载纳米盒 App 体验。

4. 纳米盒商业模式分析

纳米盒的商业模式分析如图 5-55 所示。这里采用精益画布进行分析，关于精益画布的更多内容可详见 3.1 节。

精益画布 产品名称：纳米盒

【1 问题】	【4 解决方案】	【3 独特卖点】	【7 竞争壁垒】	【2 用户细分】
● 小学生的父母： 1) 工作繁忙，空闲时间少 2) 缺少学习辅导的经验 3) 内心焦虑 ● 小学生： 希望学习是有趣的、好玩的	工具+内容+社区 1) 小学课本点读、作文库、词典等学习工具 2) 课外天地：故事秀等； 3) 窗外世界：成长圈、活动圈、家长圈等交流社区	较低的价格（比买点读机、请家教便宜） 拥有内容丰富的学习机 【一句话描述你的产品】 中国领先的小学在线教育专家	丰富的内容沉淀 微课堂打造的原创教学内容 全国30余家出版社正版授权	● 小学生的父母： 70～80后、白领、上班族、中低收入人群等重视教育的人 ● 小学生： 1) 6～12岁的小学生 2) 学习自主性稍差，需要家长的辅助与监督 3) 非留守儿童
【替代方案/竞品】	【6 关键指标】		【5 渠道】	
● 传统的点读机 ● 线下机构（新东方等） ● 疯在老师（O2O）	● 月活跃用户数 ● 平均使用时长 ● 留存率 ● 付费用户数		● 应用市场 ● 微信公众号 ● 社群推广 ● 口碑推荐	

【8 成本分析】	【9 收入分析】
● 人力成本、硬件成本 ● 资源采购、授权、运营推广费用	● 内容收费（点读、微课堂、微店） ● 运营分成、广告收入

图 5-55 纳米盒商业模式分析

5. 总结

最后是报告的总结部分，如图 5-56 所示。

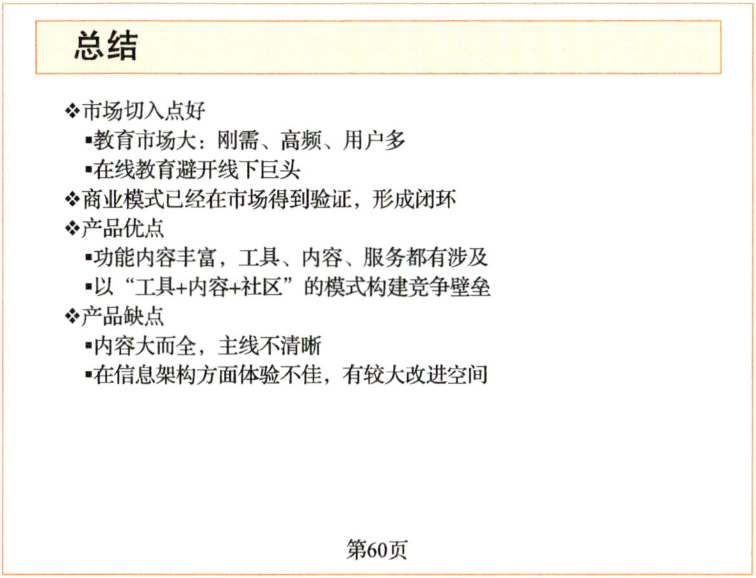

总结

- ❖ 市场切入点好
  - ▪ 教育市场大：刚需、高频、用户多
  - ▪ 在线教育避开线下巨头
- ❖ 商业模式已经在市场得到验证，形成闭环
- ❖ 产品优点
  - ▪ 功能内容丰富，工具、内容、服务都有涉及
  - ▪ 以"工具+内容+社区"的模式构建竞争壁垒
- ❖ 产品缺点
  - ▪ 内容大而全，主线不清晰
  - ▪ 在信息架构方面体验不佳，有较大改进空间

第60页

图 5-56　纳米盒产品分析报告—总结

5.5　竞品分析报告的模板

由于用户群体、分析目标、使用场景不同，竞品分析报告的写法与格式也是多种多样的，不限于一种形式，很难有一个标准的模板，这里只提供一种比较典型的竞品分析报告模板[一]，希望能帮助读者理解竞品分析报告的核心要点与思路，在实际应用时，可以根据实际需要适当调整。

㊀ 可以到笔者的微信公众号（"张在旺"）获取模板的电子版。

这份竞品分析报告模板的结构与 5.1.1 节中提到的竞品分析报告的典型文档结构是一致的，也是"总—分—总"结构。接下来将逐页介绍这份竞品分析报告模板。首先是报告名称，如图 5-57 所示。

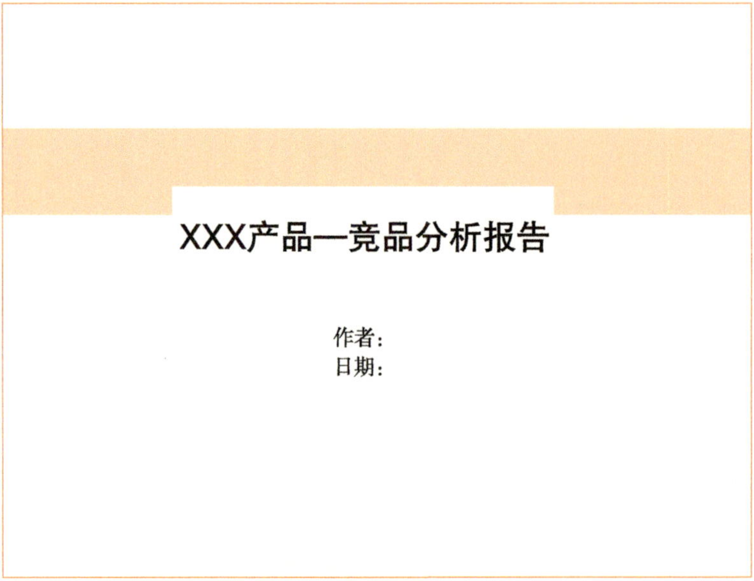

XXX产品—竞品分析报告

作者：
日期：

图 5-57　竞品分析报告模板—封面

报告封面中，需要加上作者的名字。如果是产品团队共同创作的报告，可以写上产品团队的名称及联络人的联系方式，这样读者在阅读时如有疑问可以与其沟通确认。在不同的时间做竞品分析，竞品分析的结果也会不同，所以在竞品分析报告封面中也需要说明竞品分析的日期。

将图 5-58 所示的竞品画布放在模板前面有两个目的：

第一，在撰写竞品分析报告前，需要先填写竞品画布并与重要干系人（通常是让你写报告的上级）沟通确认，确保对竞品分析的目标理解一致，并且对竞品分析的关键内容（选择的竞品、分析维度、分析思路等）达成共识，避免做无用功。

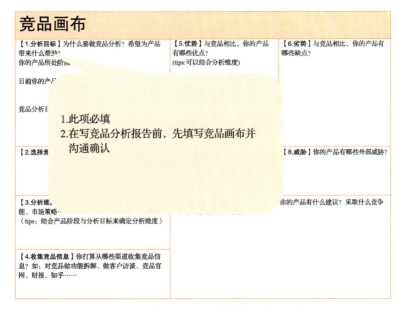

图 5-58　竞品分析报告模板—竞品画布

第二，竞品画布体现了竞品分析报告的关键要点，放在前面可以帮助读者快速了解竞品分析报告的概貌。

竞品分析报告的导航目录如图 5-59 所示。

竞品分析报告中的分析背景（如图 5-60 所示）需要介绍竞品分析的目的（为什么要做竞品分析？如为了学习借鉴、决策支持、市场预警）、目标（如，通过学习借鉴竞品为产品的交互设计提供改进方案、制定竞争策略、解决产品面临的某个问题）等。

图 5-59　竞品分析报告模板—目录

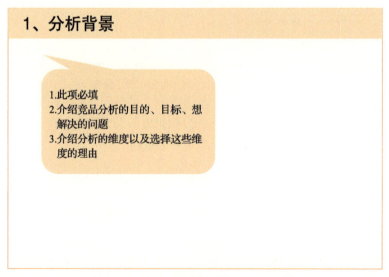

图 5-60　竞品分析报告模板—分析背景

此外，还需要介绍分析的维度，也就是从哪些方面进行分析以及分析的侧重点有哪些。分析维度取决于竞品分析的目标，选择的分析维度与竞品分析的目标要紧密关联。

竞品选择（如图 5-61 所示）部分介绍竞品的名称以及版本号。对竞品的不同版本做竞品分析得到的结果是不同的，所以版本号很重要。如果无法获知版本号，需要说明原因并标注分析日期。

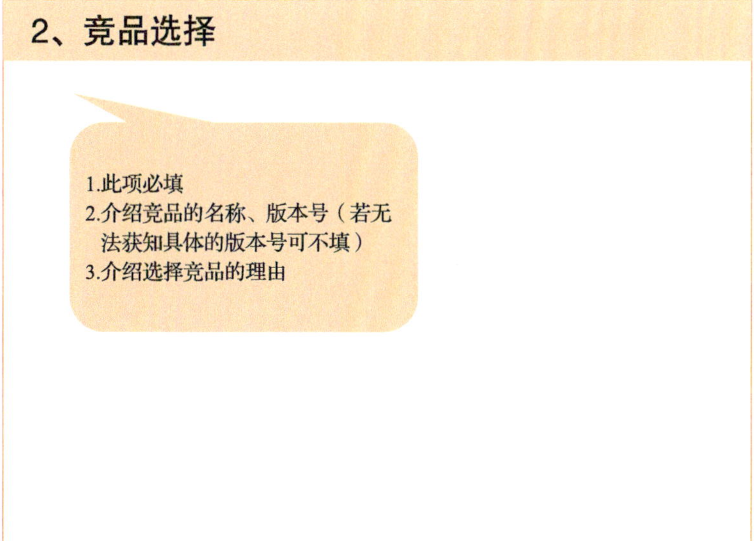

2、竞品选择

1. 此项必填
2. 介绍竞品的名称、版本号（若无法获知具体的版本号可不填）
3. 介绍选择竞品的理由

图 5-61　竞品分析报告模板—竞品选择

此外，还需要说明选择竞品的理由，因为不同的人做同一个产品的竞品分析，选择的竞品可能是不同的，比如分析音乐 App 的竞品时，有人选择 QQ 音乐，也有人选择网易云音乐。说明选择竞品的理由可以帮助读者了解你的意图，并就此达成共识。

环境会影响竞品分析的结果，因此评测环境（如图 5-62 所示）介绍竞品分析的硬件环境、网络环境、软件环境、配套设备等。如纳米盒 App 的评测环境：iPhone 8 Plus（硬件环境）、iOS 10.3.3（软件环境）、Wi-Fi（网络环境）等。

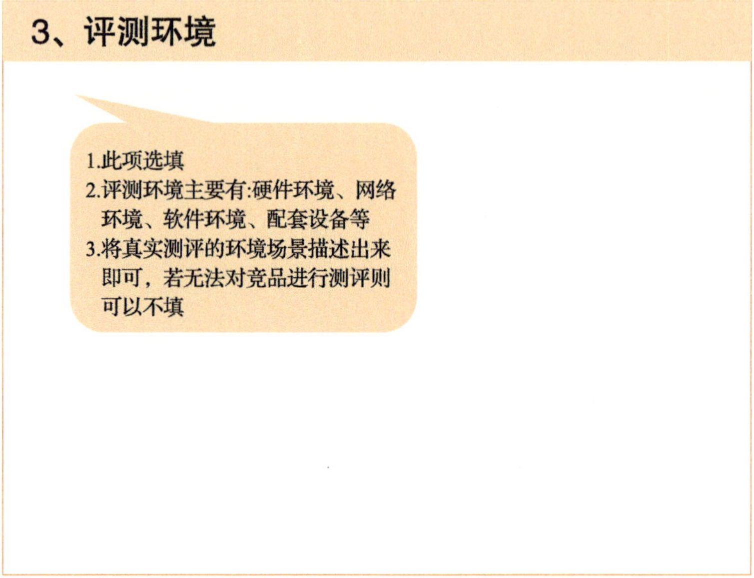

3、评测环境

1. 此项选填
2. 评测环境主要有:硬件环境、网络环境、软件环境、配套设备等
3. 将真实测评的环境场景描述出来即可，若无法对竞品进行测评则可以不填

图 5-62　竞品分析报告模板—评测环境

有时，我们无法拿到竞品进行分析（特别是企业级产品），只能得到竞品的使用说明书、产品照片或界面截图，这时可以不用填写评测环境，但最好做个说明，以免读者疑惑。

竞品分析报告中的关键发现（如图 5-63 所示）介绍本次竞品分析发现的亮点与核心要点。有的竞品分析报告内容非常丰富，有近百页 PPT，很多读者没有耐心细看，特别是领导工作繁忙，希望快速了解重点内容。所以，如果你的竞品分析报告超过 20

页，建议提炼"关键发现"放在报告的前面。按照金字塔原理的"结论先行"原则，把"关键发现"放在报告的前面可以提升读者的阅读体验。

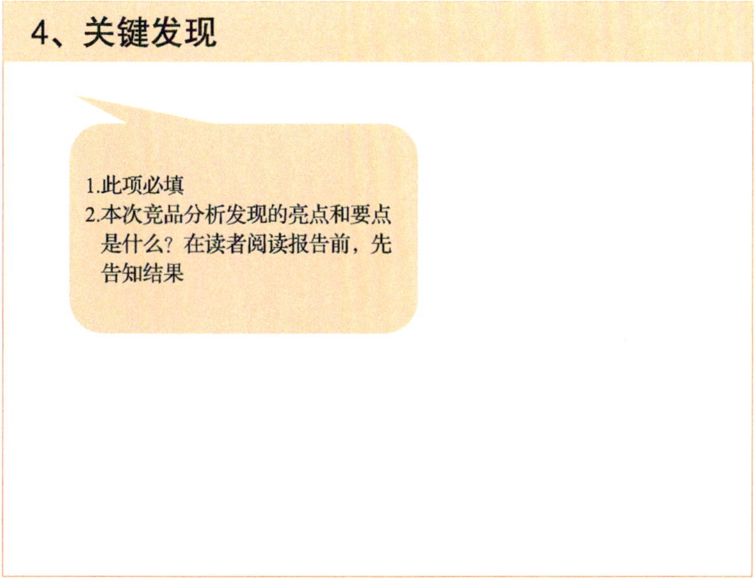

4、关键发现

1.此项必填
2.本次竞品分析发现的亮点和要点是什么？在读者阅读报告前，先告知结果

图 5-63　竞品分析报告模板—关键发现

分析维度（如图 5-64 所示）是竞品分析报告的主体内容，竞品分析过程中收集到的数据、分析过程都体现在这部分。由于内容比较多，可以按照分析维度分解成几个小节。比如，有两个分析维度——功能对比与交互设计，那么可以把这一部分分成两个小节——5.1 功能对比，5.2 交互设计。

注意，这里提到的"功能对比、交互设计"只是举例，在实际工作中，竞品分析的分析维度可能会不一样，需要以分析背景中选择的分析维度为准。

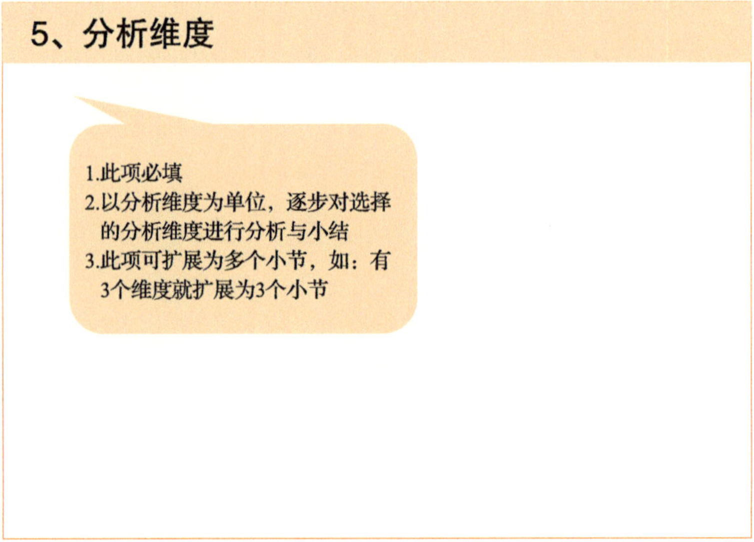

5、分析维度

1. 此项必填
2. 以分析维度为单位,逐步对选择的分析维度进行分析与小结
3. 此项可扩展为多个小节,如:有3个维度就扩展为3个小节

图 5-64　竞品分析报告模板—分析维度

按照分析维度划分成几个小节之后,把竞品的数据、图表、分析过程按照分析维度罗列出来,每个分析维度要有小结。注意,报告中引用的数据、图表要标注数据来源,这样可以帮助读者判断数据的准确性。

图 5-65 展示了竞品分析报告中的功能对比。有的功能对比表格非常庞大,放在 PPT 中不方便呈现,使用 Excel 表格可能更合适,可以在 Excel 中做好功能对比表格,再从 PPT 链接到该 Excel 文件。需要注意的是,竞品分析报告的形式是多种多样的(Word、Excel、PPT、思维导图等),本模板是 PPT 形式,在实际应用中可以根据使用场景来选择合适的形式。

接下来是交互设计(如图 5-66 所示),交互设计的分析多用界面截图,在图片上做标记,然后用文字补充描述。

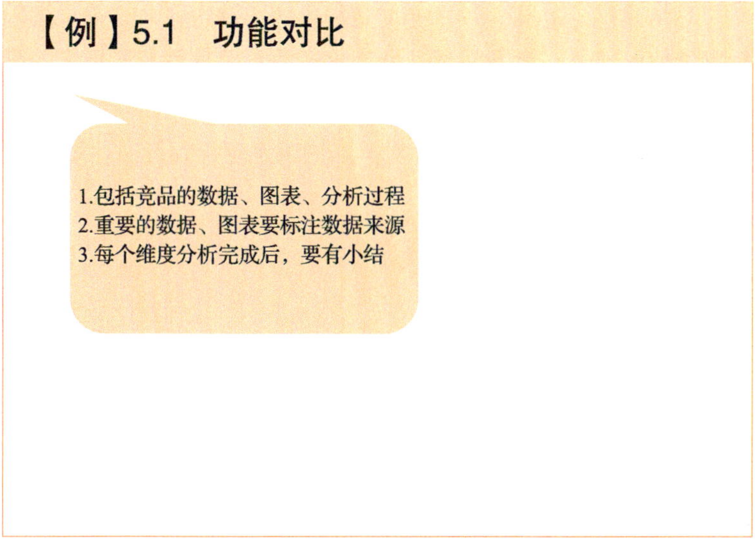

【例】5.1 功能对比

1. 包括竞品的数据、图表、分析过程
2. 重要的数据、图表要标注数据来源
3. 每个维度分析完成后,要有小结

图 5-65 竞品分析报告模板—功能对比

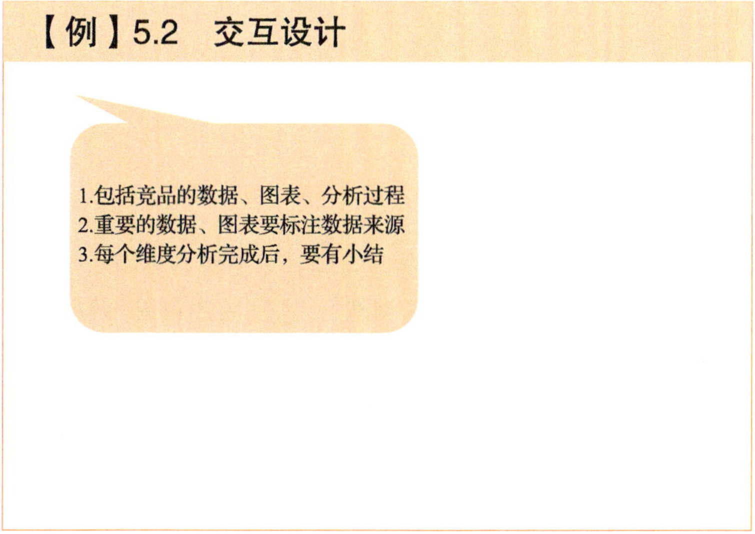

【例】5.2 交互设计

1. 包括竞品的数据、图表、分析过程
2. 重要的数据、图表要标注数据来源
3. 每个维度分析完成后,要有小结

图 5-66 竞品分析报告模板—交互设计

总结建议（如图 5-67 所示）是报告的关键内容，是整个报告最有价值的部分。竞品分析是价值驱动的，最重要的不是报告内容是否丰富、排版是否美观，而是报告要有价值。总结建议部分可以写出竞品分析的结论、针对产品的改进建议、行动计划等。

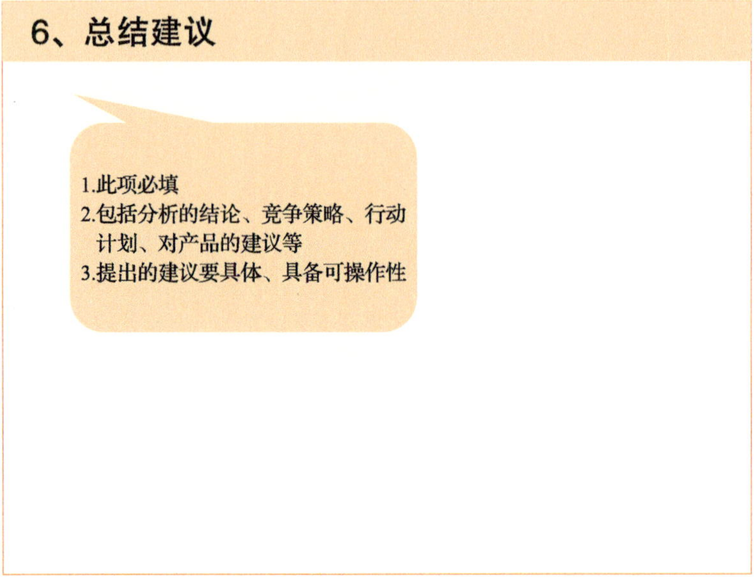

6、总结建议

1. 此项必填
2. 包括分析的结论、竞争策略、行动计划、对产品的建议等
3. 提出的建议要具体、具备可操作性

图 5-67　竞品分析报告模板—总结建议

注意，提出的建议要具体，行动计划要具备可操作性。例如，"建议我们的产品要加强创新"，这样的建议就不够具体；"下一步要提升产品的用户体验"，这样的行动计划也不够明确具体，缺乏可操作性。

附录（如图 5-68 所示）用来呈现竞品的原始数据、分析的过程数据、备用内容等。竞品分析报告有时需要演示给听众看，有时受演示时间的限制无法演示全部内容，这时可以把多余的内容隐藏起来或放在附录中备用，如果听众想了解更多细节，可以引用附录中的内容。

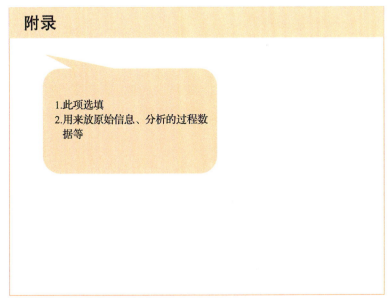

图 5-68　竞品分析报告模板—附录

5.6　要点小结

- "不忘初心，方得始终。"竞品分析的总结与结论要围绕竞品分析的目标来写。
- 可以把竞品分析报告当作一个产品，用产品思维做竞品分析。
- 竞品分析报告与体检报告类似，建议采用"总—分—总"结构。
- 竞品分析成果也需要进行精心的包装、展示，才能更好地传递竞品分析的价值，并体现你的专业。
- 要以用户喜欢接受的形式提供竞品分析报告。
- 看用户，选形式。
- 多维度，易协作。
- 可执行，可维护。
- 存素材、有来源。
- 由于读者不同、分析目标不同、使用场景不同，竞品分析报告的写法与格式也是多种多样的，不要盲目套用模板。

|第 6 章| CHAPTER

竞品分析进阶

6.1 如何制定竞争策略

竞争策略是指企业在与竞争对手竞争时获取竞争优势的手段。在竞品分析的最后一步——"总结报告"中，通常要给出竞争策略与行动计划。

本节将首先列出几种常见的竞争策略（基于SWOT分析得出的竞争策略，波特三大竞争战略，投资、收购等），并介绍一种选择竞争策略的有效方法（大胆假设，小心求证），最后对一个经典产品竞争案例中的竞争策略进行分析。

6.1.1 常见的竞争策略

1. 基于 SWOT 分析得出的竞争策略

4.8 节介绍了通过 SWOT 分析可以得到很多竞争策略的选项：扬长避短、趋利避害、SO、WO、ST、WT，如图 6-1 所示。

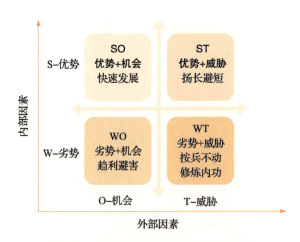

图 6-1 通过 SWOT 分析得出竞争策略

2. 波特三大竞争战略

被誉为"竞争战略之父"的美国战略专家迈克尔·波特在其经典著作《竞争战略》中提出了三种竞争战略：成本领先、差异化、专注。

- **成本领先战略**：是指企业通过降低产品的生产与经营成本，以价格优势获取市场份额，并获得超越同行业平均水平的利润。
- **差异化战略**：应用"与其更好，不如不同"的思路，做出跟竞争对手不一样的产品,通过提供独特的价值来吸引用户。做差异化产品的工具与方法可以选用"战略画布""加减乘除"等。

- **专注战略**:也叫细分市场战略,为某个特殊用户群或细分市场提供服务。

这三种竞争战略的适用场景如表 6-1 所示。

表 6-1 波特三大竞争战略的适用场景

竞争战略	特点和适用场景	案例
成本领先	适用于规模化生产的公司,特别是制造业。通过规模经济、优化供应链、廉价劳动力等方式实现成本领先	● 中国制造 ● 越南制造
差异化	适用于产品线较宽的公司,通过提供独特、优质的产品来吸引用户	● 今日头条 ● 快捷酒店
专注	适用于比较狭小的市场,通过对一个主要市场的深入了解,满足细分市场的独特需求	● 老人手机 ● 儿童手表

竞争策略是竞争战略的重要组成部分,是实施竞争战略的手段。我们在制定竞争策略时,波特三大竞争战略同样值得参考借鉴。

3. 其他竞争策略

除了上述三大竞争战略之外,还有其他一些常见的竞争策略,在实际应用中,可以根据企业在市场中的竞争地位来选择竞争策略,如图 6-2 所示。

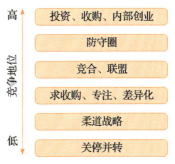

图 6-2 按竞争地位选择竞争策略

（1）投资、收购、内部创业

行业中竞争地位高的巨头通常会投资、收购很多公司，也会通过内部创业的形式孵化新产品，避免错过新的机会。例如，AI芯片刚有起色的时候，电脑芯片巨头英特尔就先后收购了AI芯片公司Nervana、FPGA厂商Altera、自动驾驶芯片公司Mobileye等诸多企业，以形成AI芯片的精密布局。

（2）防守圈

在产品方面，领先的公司会逐步构建防守圈，提高行业的竞争壁垒。常见的构建竞争壁垒的方法有资金、技术、专利、网络效应、品牌、关系、内容、数据、用户转换成本、排他协议等。

（3）竞合、联盟

竞争对手的概念是相对的，在商业竞争中，没有永恒的敌人，也没有永恒的朋友。竞合 = 竞争 + 合作。与竞争对手合作、联盟是看待竞争对手的一种新理念。对增量市场来说，通过竞合、联盟的方式与竞争对手一起开拓新市场，把蛋糕做大，也是一种新选择。

（4）求收购、专注、差异化

对创业公司而言，能够被巨头收购也是一种出路，但前提是要能够让巨头看得上。这里的"专注、差异化"与上文提到的波特三大竞争战略的"专注、差异化"是一个意思。

（5）柔道战略

小公司可以借助柔道战略以小博大、以弱胜强，与巨头竞争。这部分内容在 6.2 节中会详细解说。

（6）关停并转

对于未来发展前景不好的产品，与其使其苟延残喘，不如及时退出。

了解了如何按竞争地位选择竞争策略，我们再加入另一个选择维度——市场吸引力，这样我们就可以根据企业的竞争地位、产品所在的市场吸引力来选择竞争策略了。图 6-3 展示了按竞争地位与市场吸引力选择竞争策略的依据。

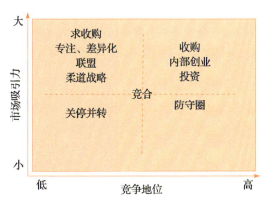

图 6-3　按竞争地位与市场吸引力选择竞争策略

以上提到的竞争策略有的是企业层面的，有的是产品层面的；有的是战略层面的，有的是战术层面的。我们在考虑竞争策略时，如果能从更高的层面（企业层面、战略层面）来思考，思路将会更加开阔。

"如何应对竞争对手？如何制定竞争策略？"我们都知道，选择题比问答题相对容易回答，此时可以把以上罗列的竞争策略作为选择题的可选项，这样我们就把问答题转化成相对容易的选择题了。

那么，有了这么多竞争策略的可选项后，该选择哪个竞争策略呢？接下来介绍一种选择竞争策略的有效方法——大胆假设，小心求证。

6.1.2 大胆假设，小心求证

北大的前校长胡适有句广泛流传的名言：大胆假设，小心求证。

大胆假设，是倡导人们打破旧有观念的束缚，冲破旧有思想的禁锢，大胆创新，对未解决的问题提出新的假设或解决的方法。

小心求证，是基于假设寻找事实进行证明，在实践中验证。求证需要严谨务实的科学态度，容不得半点马虎。

当我们面对一个新问题时，研究的过程就像盲人摸象，如果漫无目的地搜集资料，很盲目地工作，很难有独到发现。事实上，我们也无法穷尽所有事实后再采取行动。对此我们可以根据已经掌握的局部事实先大胆提出假设，再以假设为目标，去全方位搜集资料、实践验证，对假设进行证实或证伪。这也是一种有效的方式。

"大胆假设，小心求证"不仅在治学方面是一种重要的指导思想，在很多方面都可以应用：

- 科学研究；

- 案件侦破；
- 产品创新；
- 精益创业；
- 解决问题；
- 制定竞争策略。

接下来通过几个案例来剖析"大胆假设，小心求证"这个指导思想在实际工作中的应用。

1. 科学研究

2015年10月5日，瑞典卡罗琳医学院宣布屠呦呦获诺贝尔生理医学奖，以表彰她在疟疾治疗研究中取得的成就。屠呦呦成为迄今为止第一位获得诺贝尔科学奖项的中国本土科学家，由此实现了中国人在自然科学领域诺贝尔奖零的突破。

屠呦呦受中国古代药籍《肘后备急方》启发，提出大胆假设：中药中存在可以治疗疟疾的成分。然后她带领团队从两千多个古代民间药方中选出两百多个，又经过了近20年的科学试验，终于发现了青蒿中的有效成分青蒿素以及青蒿素的萃取方法，并研究出青蒿素的化学分子式。后经过FDA的实验验证证明了青蒿素对治疗疟疾的有效性。青蒿素挽救了全球数百万人的生命。

2. 案件侦破

警察破案时也是根据现场留下的蛛丝马迹做出假设，再进一步收集证据来破案的。

电视剧《大宋提刑官》介绍了很多刑事案件的侦破过程，接下来以其中一个精彩案件的侦破过程作为案例。

新任梅城县知县孟良臣在赴任途中死于客栈起火,看起来像是意外事故。但他的好友宋慈深知梅城县地处边远,人事艰险,前任知县也是上任仅半年就不明不白地遇难身亡,所以觉得其中必有蹊跷。他提出一个大胆假设:有人在故意谋害孟良臣。

然后宋慈带着捕头和英姑,赶赴梅城,发现梅城县果然水深难测、暗含杀机。以杨主簿为首的一班县吏有意干扰破案,以致宋慈到梅城后经常遇壁,处境艰难。

但宋慈不畏艰险,仍旧前往火烧现场验证孟良臣死因。用酽醋泼地,果然发现卧尸之处,浮现出一大片血迹。这证实了他的假设:孟良臣死于蓄意谋杀。

宋慈根据尸体口中灰烬的异常,又做了一个假设:有人在伪造现场,而且这人应该有件作(旧时官府检验命案死尸的人,类似于现代的法医)的经验。然后宋慈锁定嫌疑人杨主簿,再进一步收集证据直至破案。

3. 产品创新

提起电灯的发明,我们往往会想到爱迪生。其实,最初电灯的发明者不是爱迪生。

早在1810年英国科学家戴维就发明了一种叫电弧灯的电灯。这种电灯用炭棒作灯丝,虽然能发出亮光,但光线刺眼,寿命短。

另一位英国电技工程师约瑟夫·斯旺经过近30年的研究,于1878年12月制成了以碳丝通电发光的真空灯泡,寿命更长。

当年有关约瑟夫·斯旺的电灯泡的报道给了爱迪生很大启发:可以通过改变灯丝的材料来提高电灯的寿命。

于是，爱迪生开始试验各种作为灯丝的材料，并以极大的毅力和耐心试验了 1600 多种材料，用炭条、白金丝，还有钌、铬等金属作灯丝，都以失败告终。面对失败和他人的冷嘲热讽，爱迪生并没有退却。经过一年多的艰苦奋斗，爱迪生试用了 6000 多种材料，试验了 7000 多次，终于发现了棉线这种灯丝，并且足足亮了 45 小时灯丝才被烧断。

爱迪生依然没有止步，他经过进一步试验发现用竹丝作灯丝效果更好，于是他派遣助手和专家们在世界各地寻找适用的竹子，有 6000 种左右，其中日本竹子所制碳丝最为实用，可持续点亮 1000 多个小时，这种灯称之为"碳化竹丝灯"。

这种电灯足够耐用，开始被普通百姓接受，开始从实验室进入寻常百姓家。人们使用这种灯泡持续了好多年，直到钨丝灯发明后才被替代。

爱迪生不仅对灯泡持续改进，他还成立公司设立发电站、输电网等相应基础设施，促进电灯的推广使用。

可以看出，爱迪生对灯泡进行创新的过程也是"大胆假设，小心求证"的过程。爱迪生令人钦佩的地方不仅仅是因为他是发明大王，还因为他致力于把发明出来的东西进行持续的改进、创新，把技术发明变成具有实用价值的产品，并把产品商业化，通过推广让更多人受益。可以说，爱迪生是伟大的产品经理、企业家。

4. 精益创业

精益创业的理念在这几年蓬勃发展，已成为一项全球运动。

精益创业代表了一种在不确定的情况下开发新产品的创新方法论。它源于"精益生产"的理念，提倡企业在不确定的情况下进行"验证式学习",有了产品概念后,不要急着全力以赴把产品做出来,而是先向市场推出极简的原型产品(MVP),然后通过不断地试验与学习,以最小的成本和有效的方式验证产品是否符合用户的需求,再根据市场的反馈灵活调整方向。即使推出的MVP产品最后被证明不符合市场需求,这时失败的代价也比较小。

精益创业并不是保证产品取得成功的秘籍,它的核心理念是试错、低成本试错、快速低成本试错!

埃里克·莱斯所著的《精益创业》一书中提到精益创业的"开发—测量—认知"三段式流程,如图6-4所示。

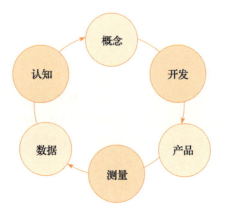

图6-4 "开发—测量—认知"三段式流程

这个反馈循环体现了"大胆假设,小心求证"的思想。

有了产品概念,必须要找出其中哪些假设是需要测试的,其中最重要的两个假设是"价值假设"和"增长假设",这些假设往往是风险最大的部分,要首先验证。

明确了这些大胆的假设,就要开发一个最小可行产品(MVP)去验证假设,根据收集到的数据与反馈获得"经过验证的认知",然后调整方向或者迭代改进。

验证假设的过程如图 6-5 所示。

5. 解决问题

麦肯锡是世界顶级的管理咨询公司,很多世界 500 强公司都是它的客户。麦肯锡帮助客户解决各种各样的问题,在解决问题的过程中,它总结了一套分析问题、解决问题的专业方法论。

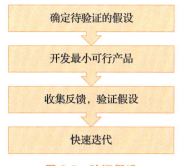

图 6-5 验证假设

这套解决问题的方法论有个形象的名字:**麦肯锡七步成诗法,** 如图 6-6 所示。

(1)问题描述

在提问题时,明确要解决的问题,并具体地将问题描述清楚。对问题的描述要以事实为依据,尽量收集更多的资料,清楚地列出问题涉及的各方面的信息。

(2)问题分解

问题分解就是把复杂问题拆解成一个个简单的子问题,化繁为简、分而治之。这些子问题不遗漏、不重叠,只要解决了全部的子问题,就能攻克这个复杂的问题。

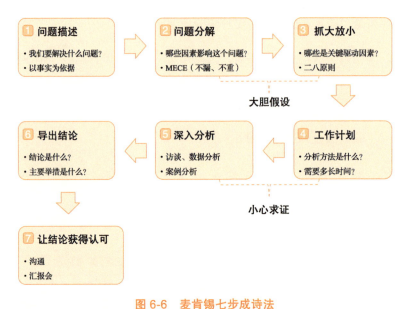

图 6-6 麦肯锡七步成诗法

（3）抓大放小

把复杂问题分解为很多子问题后，常规的做法是逐个分析这些子问题，然后寻求解决方案。这种方法符合逻辑，但不够高效。

这些子问题以及影响问题的因素可能有很多，如果全部展开逐一分析，工作量是极大的，全部分析完成可能就会错失商机。正确而高效的做法是：在大量可能性中，抓住关键的子问题，快速判断最可能的解决方案。也就是先假设一个答案，再去验证这个答案。

（4）工作计划

制订详细的分析问题的计划，也就是做好验证假设的方案和计划。

（5）深入分析

深入分析是小心求证、验证假设的过程。

（6）导出结论

导出结论就是总结问题分析的结论，并给出解决方案的建议。

（7）让结论获得认可

我们可以使用大量的图形图表清楚生动地表达分析结论，让结论得到客户的认可。

麦肯锡是做咨询的，做出来的解决方案要得到客户的认可才有可能得到执行，从而使客户的问题得到解决。走完这七步并不是说问题就得到解决了，而是通过这七步可以得到问题的解决方案。

麦肯锡七步成诗法体现了麦肯锡咨询工作中最核心的三个方法：

- **以事实为依据**。无论自己有多么丰富的经验，都要先从收集信息、研究事实入手，这样能够避免直觉和经验的误导。
- **思路清晰的关键是系统地分析问题**。我们可以把复杂的问题拆解成相互独立的子问题，来化整为零地解决问题。系统地分析问题可以让我们保持清晰的思路。
- **大胆假设，小心求证**。更快找到解决方案的捷径是先做假设，先直奔问题答案，再去验证答案。

《麦肯锡方法》一书中详细地介绍了七步成诗法。在我们的工作中，可以参考麦肯锡七步成诗法，解决问题的能力就能像麦肯锡专家咨询顾问一样大幅提高。

6. 制定竞争策略

以上介绍了"大胆假设，小心求证"这种方法在多种场景下的应用。可以看出，它是方法背后的方法，是一种指导思想。

在制定竞争策略时，同样也可以应用这种方法。当我们面对很多竞争策略的可选项无从下手时，不妨先做个假设，再去验证这个假设。

在制定竞争策略的时候，其实我们也没办法收集全部的信息再制定竞争策略。很多人认为做竞品分析时信息收集得越充分越好，分析得越全面越好，这样才能得出准确度更高的竞争策略。其实这是一个常见的误解，一是没办法收集所有的信息，二是等你信息收集得很充分时，可能会错过重要的时机，市场不等人，竞争对手也不会等你。

所以，在制定竞争策略时，也可以应用"大胆假设，小心求证"的方法。当我们面对很多竞争策略的可选项时，可以先从竞争策略的选项中挑选出认为最合理的一个策略，把这个策略当作一个假设，然后去实践中验证，并根据验证的结果灵活调整。

6.1.3 案例分析

接下来介绍中国互联网史上最轰动的产品竞争案例——3Q

大战，笔者全程见证了这一事件。下面我们来剖析3Q大战背后的竞争策略。

1. 腾讯杀入安全领域

腾讯通过QQ，用户数亿，成为社交领域的老大。腾讯还喜欢模仿互联网公司的优秀产品，并借助QQ的用户黏性和流量优势渗透到多个领域。早在2010年时，腾讯就已成为互联网界的庞然大物，业务覆盖了即时通信、游戏、门户、搜索、购物、邮箱、输入法、浏览器、支付、下载……

很多互联网公司人人自危，"生""死""腾讯"是他们无法回避的三个问题。

2010年年初，腾讯推出QQ医生进入安全领域，开始威胁到了360，让360这家做安全产品的公司失去了安全感。对腾讯而言，做安全产品并非主营业务，但可以建立"防守圈"，巩固腾讯帝国的地位。

2010年5月，腾讯把QQ医生升级到"QQ电脑管家"，具备了360安全卫士的大多数功能，界面也极为相似，并通过后台静默安装，直击360的"命门"。

竞争策略：大公司通过建立"防守圈"与"护城河"，巩固优势地位。

2. 360反击

凭着颠覆杀毒软件巨头瑞星而一战成名的360，有着丰富的应对巨头的经验，当然不会坐以待毙。

2010年9月，360发布直接针对QQ的"隐私保护器"，宣称其能实时监测并曝光 QQ 的行为，同时提示用户 QQ 在未经用户许可的情况下偷窥用户个人隐私文件和数据，这引起了网民对 QQ 的恐慌。

2010 年 10 月 27 日，腾讯召集金山、百度、遨游、可牛等公司联合发表了《反对 360 不正当竞争以及加强行业自律的联合声明》，并通过弹窗等方式提示用户，并要求主管部门对 360 的不正当竞争进行管理。

竞争策略：敌人的敌人就是朋友，组建联盟对抗竞争对手。

360 在 2010 年 10 月 29 日紧急推出了"360 扣扣保镖"，可以过滤 QQ 的弹窗广告，还把 QQ 面板上的"安全"按钮链接到"360 扣扣保镖"。这简直是一枚核弹，直接威胁到腾讯的生存根基，当时腾讯的主要收入就是广告、QQ 秀。

360 希望通过扣扣保镖"以战促和"，逼迫腾讯退出安全领域。

竞争策略：针对竞争对手的核心业务精准打击，以战促和，缓解竞争压力。

3. 腾讯宣布"二选一"

"360 扣扣保镖"刚发布 3 天，装机量就突破 1000 万，并且增长迅速，马化腾悲愤地向外界宣布："再过 3 天，用户可能全军覆没！"

2010 年 11 月 3 日，全国 QQ 用户的电脑右下角突然跳出来一个弹窗，腾讯发布了著名的"艰难的决定"——腾讯 QQ 与 360 安全卫士水火不相容。

致全国 QQ 用户的一封信

亲爱的 QQ 用户，当您看到这封信的时候，我们刚刚做出了一个非常艰难的决定。在 360 公司停止对 QQ 进行外挂侵犯和恶意诋毁之前，我们决定在装有 360 软件的电脑上停止运行 QQ 软件。

我们深知这样会给您造成一定的不便，我们诚恳地向您致歉，同时也把做出这一决定的原因写在下面，盼望得到您的理解和支持。

……

这就是著名的中国互联网史上的"二选一"事件。腾讯向所有的 QQ 用户发出了最后通牒，在电脑上安装 QQ 还是 360，用户只能选择其中一个。

腾讯之所以敢选择这个竞争策略，是基于一个假设：QQ 用户的好友关系链都在 QQ 上，不容易被替代，用户黏性强，而 360 的产品有替代品，而且其是工具类产品，用户黏性较弱，所以敢于大胆预测用户会选择保留 QQ 而删除 360，从而给 360 造成致命打击。

竞争策略：利用竞争优势（用户多、用户黏性强）应对 360 的威胁，对应的是 SWOT 分析中的 ST 策略（利用优势应对威胁）。

4. 用户不满，有关部门干预

在腾讯做出"艰难的决定"之后，初期是按照腾讯的假设来发展的，360 安全软件的卸载率开始飙升，市场份额开始出现断崖式下跌，据 360 CEO 周鸿祎称，被迫卸载的 360 软件用户达到 6000 万。

但是，出乎腾讯意料的情况出现了，舆论开始同情弱者，认为腾讯在"欺负"360。网民对于腾讯这种要挟用户的方式也产生了愤怒，对腾讯的批评像潮水一般涌来。

在用户看来，这就是一种"绑架"行为，神仙打架，凡人遭殃。因为竞争而做出伤害用户体验的行为，不像是一家号称"一切以用户价值为依归"的公司会做出来的事情。

一些网站的调查数据显示，如果在360与QQ之间必须卸载一个，46.6%的网友会卸载QQ，而选择卸载360的网友只有29.8%。从这一数据来看，腾讯这样的行为不得人心。

当时网络上一片沸腾，后来在相关部门的强力干预下，QQ与360开始恢复兼容，事态逐渐平息。

竞争策略：大胆假设，小心求证。可以基于现有信息做出假设，采取某个竞争策略，但在执行的过程中还要小心求证。外部环境瞬息万变，要根据实际情况及时调整策略，不要一条路走到黑。

5. 腾讯反思，调整竞争策略

这场风波促使腾讯开始反思，并邀请外部专家做了10次"诊断腾讯"的研讨会，历时一个多月，腾讯表现出十足的改变诚意，这也是腾讯令人钦佩的地方。

马化腾曾经这样评论"3Q"大战："我把'3Q'大战视为一次积极事件，它让我们很多潜在的问题提前暴露出来，这就像地震，通过不断挤压让危机爆发出来"。

腾讯反思过去的商业模式，重新制定战略，逐渐由你死我活的"帝国型"模式过渡为共创共赢的"生态型"模式。

腾讯宣布将原先封闭的公司内部资源转而向外部的第三方合作者无偿开放，包括开放 API、营销工具、社交组建、QQ 登录、微信登录等。

后来，腾讯剥离搜索、电商业务，投资京东、滴滴、永辉超市、58 同城、搜狗等公司。

腾讯变得开放、包容，通过收购、投资和兼并的方式构建一种新生态，变成了容纳众多小鱼的海洋，也变成了一个更加强大、更令人尊重的企业。

竞争策略：投资、收购、竞合（与竞争对手合作，共创共赢）。

6.1.4 要点小结

- 常见的竞争策略包括：基于 SWOT 分析得出的竞争策略、波特三大竞争战略（成本领先、差异化、专注）、柔道战略等。
- 从企业层面、战略层面来思考产品的竞争策略，思路将会更加开阔。
- "大胆假设，小心求证"是方法背后的方法，是指导思想。
- 假设是需要证实或证伪的理论，不要把假设当成事实，要小心求证。
- 保持开放的心态，不要为了证明假设是正确的而去收集信息或有意无意地过滤信息。
- 制定竞争策略时，先根据局部信息得出竞争策略的可选项,再从中挑选出比较合理的策略,去执行、验证,并根据实践的结果进行灵活调整。

6.2 小公司如何应对巨头

知乎上有个热门问题:"你的创业项目,如果腾讯跟进复制了,你会怎么办?"这个问题的浏览量超过170万,可见其关注度之高。

很多小公司,特别是创业公司,在发展的过程中,总会遭遇比自己更强大的竞争对手。每个行业都存在巨头,这些巨头有资金、有技术、有人才、有客户资源,看起来是座不可逾越的大山,横在路中间,挡住了无数小公司的发展道路。

难道小公司永远只能在巨头的阴影下挣扎,没有成长起来的机会吗?

我们看到很多巨头都是从小公司成长起来的:Facebook、Snapchat、Twitter、360、今日头条、滴滴、美团……那些小公司居然能够在巨头的眼皮子底下茁壮成长,甚至打败已有的大公司,从而成长为新的巨头。

巨头并不是不可战胜的。在柔道运动中,我们也经常看到小个子的选手把大块头掀翻在地。小公司可以从柔道运动中得到启发,应用柔道战略应对巨头。

6.2.1 柔道战略简介

柔道是将对手的重量与力量为己所用,借力打力,击败对手的一种武术，它能使弱者或体重处于劣势的人战胜体重占优势的对手。相对相扑运动来说，柔道更看重技巧、灵活性和策略。把柔道中的策略应用到商业竞争中，同样可以给小公司带来启发。小公司只要不和大公司硬碰硬，掌握正确的技巧与策略，四两拨千斤，同样也有可能打败大公司。

《柔道战略》这本书把柔道当中的竞技原则和商业原则进行对应，专门讲小公司进入一个新领域或者新行业时，如何以小胜大、以弱胜强。

360公司的创始人周鸿祎在很多场合都推荐过这本书，他本人也是柔道战略的实践者。

在3721时期，超过了先行者CNNIC；

在雅虎时期，用一搜在MP3搜索方面超过百度；

在杀毒领域，用360杀毒软件打败了瑞星；

在3Q大战中，让腾讯感受到巨大的威胁，不得不做出艰难的决定……

柔道的创始人嘉纳治五郎认为，柔道意味着"以退为进，为赢得最终胜利而首先做出让步"。柔道战略避开了与强者硬碰硬的较量，靠速度、灵活性和策略取胜。

如果你实力弱小而对手实力强大，或者你有实力但进入的领域已被实力更强大的对手占据，就可以考虑使用柔道战略。

柔道战略有3个关键原则，如图6-7所示。

- **移动原则**：用移动的办法避开巨头，赢得发展的时间。

- 平衡原则：适当让步，以退为进。
- 杠杆原则：利用杠杆借力加强你的力量。

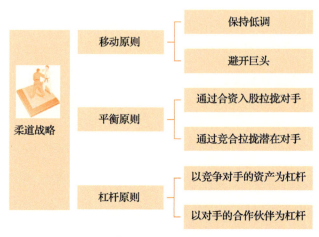

图 6-7　柔道战略

接下来通过一些经典的以弱胜强的案例，帮助你理解柔道战略的移动原则、平衡原则和杠杆原则。

6.2.2　移动原则

当竞争对手具有力量和规模优势时，靠面对面的直接竞争不可能获胜，这时候不要硬碰硬，可以应用移动原则，想办法避免跟竞争对手正面对抗，延迟竞争对手的攻击，争取时间来发展壮大。

移动原则中需要掌握两个要点：保持低调、避开巨头。

1. 保持低调

当你实力还不够强大的时候，要保持低调，不要到处在媒体上宣传自己，尽量不要引起巨头的注意，以赢得发展的时间。

这里有个反面案例。

在微博兴起之前，曾经流行过博客。2003年，博客的名头在中国蒸蒸日上，在这一领域，博客中国是领先者，经过2年快速发展，进入中文网站前50名。

2005年年初获得一家基金投资的1000万美元后，博客中国的创始人一改往日的低调，开始广邀嘉宾和媒体，隆重宣布"博客时代的来临"，还定下"一年超新浪，两年上市"的目标。这不仅把门户网站的巨头新浪直接当成了对手，还招来了更多的潜在竞争对手，网易、搜狐也都纷纷加入了博客战场。

博客中国的导航条上的子频道越来越多，越来越像门户网站，把自己置于与门户网站正面竞争的境地。其他几家博客网站也不甘示弱，竞相宣布庞大的融资和强劲的增长。

很快，新浪出手了。新浪把新浪博客作为一项战略业务来重点发展，要求每个频道都设置博客专员，倾全公司的资源来发展博客，利用其媒体优势迅速做大。就这样，抓住了发展先机的博客中国日渐没落了。

2. 避开巨头

移动原则的另一个要点是避开巨头，不要在对手占据的地盘正面竞争，不要硬碰硬，要避开锋芒，选择一个细分市场作为切入点，这样不会马上引起巨头的警觉，可以争取宝贵的时间快速成长起来，为自己带来更多赢的机会。

猎豹移动做的猎豹清理大师首选美国市场，就是避开国内巨头去开拓海外市场。

　　猎豹移动选择海外市场其实也是无奈之举，当时国内在移动安全领域已经有了腾讯与360这两个巨头，竞争非常激烈，而国外市场前景广阔。当时美国的手机应用市场有四大类：游戏、社交、通信、工具。前三类市场都有全球知名领导者占据，而工具类市场还是一片"蓝海"。进入美国之前，猎豹的副总裁去美国进行了市场调研，发现在Google Play上的关键词搜索次数最多的是"Cleaner"（清理），而在Google Play工具类的前100名根本没有大公司，但是下载量却很大。所以猎豹移动选择做了清理大师，不到3年时间，猎豹移动的全球月活用户数就超过了6亿。猎豹在海外市场得到了一定的发展后才开始渗透到国内市场。如果猎豹首选国内市场的话，早就被竞争对手扼杀在摇篮之中了。

　　另一个避开巨头的案例是佳能。

　　美国施乐公司发明了大型复印机，并申请了大量的专利构建起强大的竞争壁垒，成为复印机领域的巨头。

　　日本佳能公司也想进入复印机市场分一杯羹，他们前期做了大量的市场调研，调研结果表明施乐公司的大型复印机采用集中复印的模式，而且价格昂贵，比较适合大公司。而很多小公司也有复印的需求，但因为价格太贵，买一个大型复印机并不划算，还不如拿到外面去复印。

　　另外，大型复印机也存在一些痛点，比如，采用集中复印的模式，保密性差；机器又大又复杂，接受过专门培训的人才会操作。大型复印机的复印质量确实很高，但很多小企业只需要价格便宜、能满足基本需求的小型复印机。

佳能公司也知道大型复印机利润高、有利可图，但是如果也做大型复印机，与施乐竞争希望渺茫。于是决定避开巨头，针对小企业、低端市场做小型、价格便宜、易用的复印机。最终，佳能率先造出了第一款小型办公和家用复印机产品。

佳能针对细分市场推出差异化的产品，避免与巨头的正面竞争，为发展赢得了时间。但发展得越快、规模越大，就越难避开竞争对手的注意，与竞争对手正面交锋的时刻迟早要到来。

在与对手正面竞争的时候，还要应用柔道战略的下一个原则：平衡原则。

6.2.3 平衡原则

利用移动原则可以赢得宝贵的发展时间，等企业和产品慢慢成长起来的时候，总有一天会引起巨头的注意，巨头会调集资源与你厮杀。

至刚易折，至柔无损；能屈能伸，方能长远。

当对手比你强时，适当让步，以退为进，保持平衡才是最明智的选择。这就是竞争中的平衡原则。平衡原则就是以退为进，先拉拢对手，巩固自己的地位。

那么如何拉拢对手保持平衡呢？有以下几种战术策略供参考。

1. 通过合资和股权交易的方式拉拢对手

通过合资和股权交易的手段，分一块蛋糕给巨头，把巨头拉拢到统一战线上，暗示我们是"一家人"了，让巨头放下戒心，尽量避免未来的冲突。

滴滴、摩拜单车在发展阶段都接受了巨头的投资，如果缺少巨头的支持，根本没有机会成长为独角兽。

百度也曾接受过 Google 的投资，成功避免了强大对手的攻击，赢得了独立发展的宝贵时间。

2. 通过竞合拉拢潜在对手

前面说到佳能利用移动原则，从细分市场切入，做利润相对较低的小型复印机，不跟施乐正面竞争，赢得了宝贵的发展时间。

但是，小型复印机一旦畅销，难免会有很多竞争对手跟风进入，特别是日本有很多跟佳能相似的公司，如东芝、美能达、理光等，这些都是潜在的竞争对手，一旦他们加入竞争，佳能知道凭自己的实力，无法构筑有效的竞争壁垒，根本扛不住它们的竞争压力，更不用说应对施乐的反扑。

那么，如何防止那些潜在对手加入竞争呢？佳能选择了一种独特的竞争方式——竞合，即与竞争对手合作。

佳能公司将自己的发明设计以极低的价格授权给多家日本的"兄弟企业"，与他们共享技术以及市场调研成果，共同对抗强大的施乐公司。

通过这种方式实现了双赢：对东芝、理光来说，用很低的价格获得了技术与产品设计方案，可以快速推出产品获得经济效益；对佳能来说，自己的发明设计很快可以收回成本，开发的新产品可以快速实现预期利润目标。

同时，佳能公司还与那些合作伙伴签订协议，约定由佳能公司继续开发复印机的新技术，与那些合作伙伴分摊研发费用。这样，佳能公司不仅避免了潜在竞争对手的竞争，还保持了行业领先地位。

6.2.4 杠杆原则

阿基米德说过："给我一个支点，我可以撬起整个地球。"

杠杆原则就是通过杠杆借力，把竞争对手的资产优势变成可被攻击的弱点。有时候，优势也可能变成包袱与负担，当初柯达在胶卷领域的优势到决定是否转型到数码相机时反而成了包袱。

杠杆原则告诉我们：**把竞争者的资源优势转变成包袱，就有可能打败竞争对手。**

因此，在和大公司竞争时，我们可以思考这些问题：大公司的优势是什么？最珍贵的资产是什么？哪些资产可以作为支点来撬动强大的对手？在什么情况下，大企业的资产反而会变成包袱令其痛苦？我们可以做哪些事情而竞争对手却不能跟进？

1. 以竞争对手的资产优势为杠杆

很多人以为，大公司实力雄厚，不管是有形资产还是品牌和知识产权等无形资产，都是大公司的优势，但往往最突出的优势也可能成为负担。

Google 曾经把对手的用户数量优势作为杠杆挑战过微软。

2004 年，微软的 Hotmail 邮箱在全球的市场份额排名第一，这是 Hotmail 的显著优势，而 Google 当时还没有邮箱服务。后来 Google 推出了 Gmail 免费邮箱服务，容量高达 1GB，是 Hotmail 的几十倍。这一点对当时的用户来说很有吸引力。

针对 Gmail 的挑战，微软的 Hotmail 面临两难局面：不跟随 Gmail 扩容的话用户会流失，但一旦 Hotmail 跟随 Gmail 扩容，它庞大的用户数量优势将变成一个巨大的包袱，导致成本呈指数级增长，技术难度也会大大增加。而从零开始的 Gmail 所面临的成本和技术难度则要小很多。

利用这个杠杆原则，Gmail 让 Hotmail 难以立即跟进，后来 Gmail 的用户数飞速增加，成为主流邮箱之一。

360 也曾经用这一策略把九年来一直保持市场份额第一的瑞星拉下了王座。

鼎盛时期，瑞星靠杀毒软件一年能卖 7 个亿，其个人级杀毒软件产品的份额高达 80%。

2009 年，360 推出免费杀毒软件抢占了很多用户。而对瑞星来说，是否也要跟着免费，这是一个艰难的决定：免费的话，一年几个亿的收入白白流失；不免费的话，市场份额被 360 吞食。瑞星的优势是有大量的付费用户，在此时却成了包袱。

在免费策略的轰炸下，360 用户数量快速突破 3 亿。一年以后，也就是 2011 年 3 月，瑞星决定旗下个人安全软件产品全面免费，但为时已晚。

2. 以竞争对手的合作伙伴为杠杆

除了可以利用对手的资产作为杠杆借力的支点，还可以利用竞争对手合作伙伴的劣势。

每家公司在市场上都不是孤立存在的，都有上下游合作伙伴。合作伙伴可以提供帮助，也可能成为阻碍。小公司想要战胜大公司，可以从对方的合作伙伴入手，看看他们有什么劣势，能不能利用这些劣势去攻击对手。

我们来看看百事可乐如何利用这个杠杆来挑战可口可乐。

在早期的美国软饮料市场中，可口可乐是老大，占据了绝大多数市场份额，基本上处于垄断地位。当时可口可乐的价格是 5 美分一瓶，百事可乐作为后来者，决定也卖 5 美分，但是用大包装，把容量加到可口可乐的 2 倍，相当于变相降价。当时的美国正处于经济萧条时期，消费者对价格比较敏感，很快消费转向了加量不加价的百事可乐。不到三年，百事可乐就开始扭亏为盈。而可口可乐针对这个挑战却没能及时跟进，直到 22 年后才开始推出大瓶装的可乐。为什么会拖这么久呢？因为可口可乐有将近 1000 家装瓶商，他们在可乐瓶和相关设备上投入了大量资金，很难一下子满足可口可乐换包装的需求。就是这一点让百事可乐有了挑战可口可乐的支点，使百事可乐快速站稳了脚跟。

6.2.5　要点小结

- 在你弱小的时候，可以运用移动原则，保持低调、避开巨头，以赢得快速发展的时间。
- 在发展壮大的过程中，难免会引来巨头的注意，要迎接巨头的挑战，这时可以应用平衡原则：通过合资和股权交易的方式化干戈为玉帛；或者采用竞合思路，与潜在的竞争对手联盟，一起对抗巨头。

- 在与巨头正面对抗的过程中，可以应用杠杆原则，找到支点，这个支点可以是对手本身的资产优势，也可以是对手合作伙伴的劣势。利用支点借力打力，把竞争对手的优势转化为攻击点，让他无法及时还击，从而以弱胜强。
- 至刚易折，至柔无损；能屈能伸，方能长远。
- 通过很多以弱胜强的案例，我们可以看到巨头也不是不可战胜的。不管你的对手看起来有多强大，总会有潜在的弱点，运用柔道战略也有可能以弱胜强、战胜对手。
- 要战胜对手，除了柔道战略，还需要勇气。就像一句美国谚语说的："不要怕他，因为他也在怕你"。

6.3 "抄超钞"产品方法论

你的团队可能没有"张小龙"一样的产品经理，往往也不是"梦之队"，老板却让你拿着"小米+步枪"去打土豪，去跟业界巨头 PK 抢市场，你的第一反应是什么？"做不到……"

有没有一种做产品的方法，在团队不是很强大的时候，也可以快速低风险地推出产品？有！这就是接下来要跟大家分享的"抄超钞"产品方法论。

"抄超钞"方法论已经被腾讯证明切实有效，并缔造了腾讯帝国。

国内第一款月收入过亿的手游是腾讯的天天酷跑，这款游戏月收入最高时曾超出 3 亿。其实这款游戏的题材与玩法都不是腾讯原创的，腾讯做了竞品分析，借鉴了韩国的 WindRunner，并在此基础上做了改进，加了很多新的玩法与宠物系统。

《腾讯方法》中提到，"天天系列"手游的每款产品都至少要借鉴3款以上世界上最优秀的产品：

- 学习韩国产品给用户带来快乐、轻松的感觉——很萌的角色设计；
- 学习日本产品独特的设计风格，强辨识度——流畅爽快的设计；
- 学习欧美产品的强质感——精致的设计。

腾讯的很多产品都是采用这种模式做起来的，如QQ秀、QQ邮箱、王者荣耀等。福布斯网站每年评选的全球最具创新精神的100家企业，腾讯多次入选，甚至在创新排行榜中曾排在Apple、Google之前。

那腾讯的创新能力究竟体现在哪里呢？

我们来看看腾讯的起家产品OICQ（QQ的前身）是怎么做出来的。

1996年的ICQ是网络聊天软件的鼻祖，后面出现了很多的模仿者，如PICQ、TICQ、GICQ等。

腾讯的OICQ也是ICQ的模仿者之一。但腾讯不止步于"模仿"，OICQ凭借以下一系列的创新，迅速在同类软件中杀出重围。

首先，ICQ的全部信息存储于用户端，一旦用户换电脑登录，以往添加的好友就此消失，而OICQ的用户资料存储于服务器，在任何终端都可以登录聊天。

其次，ICQ 只能在好友在线时才能聊天，OICQ 首创离线消息发送功能，还有隐身登录功能，可以随意选择聊天对象，可以有自己的个性化头像。

第三，ICQ 通过给企业定制即时通讯软件获利，而 OICQ 坚持通过面向消费者的免费服务寻求商业化机会。

可以看出，腾讯做产品不是简单地靠山寨、照抄，而是有一套自己的做产品的方法论，这套方法论造就了腾讯帝国，那便是：抄超钞！

- 抄：通过竞品分析，模仿借鉴业界标杆产品，站在巨人的肩膀上，使产品有高起点，而不是闭门造车、重复发明轮子。
- 超：通过微创新，不断优化产品的体验，使产品超越对手、实现差异化。
- 钞：在"抄"的基础上"超"，提升用户价值、扩大市场占有率、构建盈利模式，从而得到"钞"。

抄谁？怎么抄？"抄"之后如何"超"？接下来详细介绍"抄超钞"方法。

6.3.1 抄

说到"抄"，有的人可能会瞧不起它，认为做产品就应该原创、自主创新。但是，不要忘了，我们小时候学说话靠模仿，学写字也是靠模仿，模仿是一种非常重要的学习方式。

当我们的产品经验还不是很丰富、团队还不够强大的时候，我们通过竞品分析，向优秀的产品、优秀的业界标杆学习，模仿他们的产品，也是做产品的一种有效方法。

相对于从零开始做产品，"抄"也有一定的好处：

- 减少试错成本，降低风险。
- 站在巨人的肩膀上，起点更高。
- 可以更快地把产品做出来。

1. "抄"谁

这一点相当于第 2 章的竞品分析 6 步骤的"选择竞品"（此时竞品分析的目的是"学习借鉴"），可以从以下几个方面选择"抄"的对象。

（1）市场份额

选择同一个目标市场中市场份额比较大的前几名，特别是"老大""老二"。如果产品的形式是 APP，可以参考软件下载排行榜、App Store 或其他软件发布渠道的排行榜来选择"抄"的对象。

（2）跨界参照品

跨界参照品在产品设计时可以给我们启发，通过跨界嫁接，帮助我们想出创新的方案。

（3）产品鼻祖

产品鼻祖就是最早开创某一产品品类的产品，比如，微博类产品的鼻祖是 Twitter；团购类产品的鼻祖是 Groupon；移动支付的鼻祖是 PayPal。

产品鼻祖往往开创了一个新品类，率先满足了特定用户群的某种需求，研究它有助于我们更深入地理解用户及其需求，有助于我们抓住该产品的关键成功因素。

（4）商业情报

新产品、新商业模式层出不穷，通过商业情报的收集保持对外界的关注，及时发现业界的优秀新产品，以供产品团队学习借鉴。

2. 怎么"抄"

"抄"绝不等于照抄，在这个过程会综合考验团队的洞察力、执行力和克制力。

（1）洞察力

不要照抄竞品！我们看到的竞品（包括功能、设计、包装等）只是问题的解决方案，是表面现象，我们需要进一步深入挖掘、分析、洞察，找到竞品的关键成功因素以及竞品满足了用户的哪些需求，解决了什么问题。

（2）执行力

执行力就是看能不能"抄"得好、"抄"得快。

一个创新产品出来后，往往会得到大量的关注，不是只有你在"抄"，大家都在"抄"，就要比谁"抄"得好、"抄"得快。

（3）克制力

在产品设计方面，少即是多。功能不是越多越好，功能太多的产品反而会带来负面的体验，如性能下降、产品复杂度提高、安装包增大、bug 增加等。

每个成功的产品都有清晰的定位，都有自己的核心体验，别的产品的好功能加到自己的产品上不一定合适。

那具体该怎么"抄"呢？这里分享一个"抄"的方式，如图 6-8 所示。

图 6-8 "抄"的方式

（1）"抄"前 4 问

在"抄"之前，为了确保这个产品值得做、具备商业价值，要先弄清楚下面 4 个问题，这 4 个问题也是新产品立项时比较关注的几个问题。

- 蛋糕够大吗？

这个产品的市场规模有多大？如果市场规模小的话，就意味着未来的发展空间受限制。那么，如何判断是不是大蛋糕呢？大蛋糕要符合 3 个条件：刚需、高频、用户多。

例如，"互联网＋停车"的市场规模就比"互联网＋洗车"大，因为洗车不是刚需、频率也较低。

- 是风口吗？

IT 圈中流行一句话，"在风口上，猪都能飞起来"。风口往往意味着投资热点和巨大的想象空间，在风口上的创业项目也更容易得到投资。

例如，前几年共享经济是风口，近两年人工智能是风口。

- 抢蛋糕的人多吗？

当你发现了一个大蛋糕，在你扑上去前还要考虑抢蛋糕的人多不多，也就是说竞争是否激烈。竞争如果太激烈的话，这个产品做起来就会比较艰难。

例如，团购市场规模很大，是个大蛋糕，当时也是个风口，结果有无数的公司都在做团购，最多时有 5000 多家团购网站。因为竞争太激烈，最后存活下来的团购网站没几家。

- 你行吗？

你的团队适合做这个产品吗？这个问题主要看团队的资源、能力和基因。

（2）商业模式分析

在"抄"竞品时，为了避免只看到竞品的"功能""设计"这样的表面现象，接下来要对竞品进行商业模式分析，从商业视角全面地分析竞品，建立起全局观。此处可以应用第 3 章提到的"精益画布"这个工具进行商业模式分析。

（3）产品功能分析

当你要"抄"竞品的某个功能时，要对竞品做功能拆解、需求探索。

运用 4.4 节介绍的功能拆解的方法，对竞品的功能进行拆解，避免遗漏。

在对竞品进行功能拆解之后，即使我们要借鉴竞品的功能，也不要照抄竞品的功能，因为我们看到的竞品功能都属于解决方案，而解决方案不是需求，只是表面现象。

具体做法参见第 4 章的功能拆解、探索需求。

（4）构建解决方案

通过探索需求找到竞品满足的本质需求之后，可以发挥创意，想出比竞品更好的解决方案，让我们的产品更具竞争力。

例如，竞品的解决方案是"在河上造一座桥"，通过探索需求发现，本质需求是"把快递送到河的对岸"，那我们可以构建更好的送快递的解决方案：可以用船、用铁索、用无人机等。

6.3.2 超

通过上面介绍的"抄"的方式，我们可以快速把产品打造出来，那么如何超越竞品呢？可以通过微创新，持续改进迭代产品、优化用户体验，长期坚持下去将从量变到质变，直至超越对手。

1. 微创新简介

讨论微创新之前，我们先明确一下什么是创新？

说到创新，很多人会想到"发明""创造""新""人无我有""人有我优"等。这些观点都没错，但不全面。创新不只看重"新"，还要有价值，要满足用户需求。

著名的发明家爱迪生在这方面也是交过"学费"的。

1868年，爱迪生发明了一个投票表决器，这个机器通过两个按钮来采集用户的投票，并通过一个仪表盘实时统计投票结果。爱迪生兴冲冲地向美国国会推销投票表决器，结果国会主席当场否决了这个产品，说这是他见过的最垃圾的发明。后来爱迪生才搞明白，对国会来说，延缓表决也是一种政治手段，可以利用拖延来对待那些不受欢迎但又不好直接拒绝的法案。提高表决效率的投票表决器是个新东西，可惜没有满足国会的需求，被拒绝了。

创新不仅是发明创造、做出新东西，还要考虑是否有价值、能否满足市场需求，如图6-9所示。

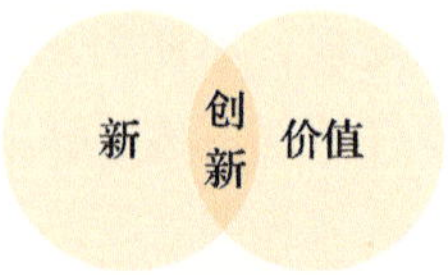

很多人认为创新跟普通人无关，只有实验室或研究院里的科学家通过十年磨一剑做出的高难度、原创的东西才算创新。

图 6-9 创新要有价值

这是对创新常见的误解。创新并不意味着惊天动地地改造与颠覆，创新可以非常简单，在现有产品的基础上进行微小改进，对用户体验持续优化，做出对用户有价值的东西，都是创新。图 6-10 展示了两种牛奶包装。左边的袋装牛奶不易撕开、容易倾撒,使用不方便;右边的牛奶包装做了几点改进:可用手撕开、可站立不倾撒、隔热隔冷的空气包,这样使用起来就方便多了。

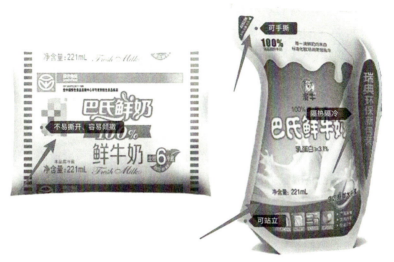

图 6-10 牛奶包装的微创新

这种创新就叫微创新,即以用户为中心的应用创新,以微小、可持续的方式创造用户价值。

微创新看起来简单易行,我们花点心思都可以进行微创新。创新不是靠天赋,也不是在苦思冥想中等待灵光乍现的一刻,创新是一种技能,是可以通过学习掌握的。而且,创新是有方法可循的,接下来介绍实用的微创新方法。

2. 微创新方法

创新相关的工具与方法有很多,其中微创新的常用方法如下：

- **"加减乘除"**：在现有产品的基础上做"加减乘除"，以便做差异化创新。（详见第4章）
- **奔驰法（SCAMPER）**：通过包含7种改进方向的检查列表启发人们想出更多的产品改进创意。
- **五维创意卡**：通过"人""物""事""地""时"5个维度的创意卡片启发人们产生新的创意。
- **头脑风暴**：一种群体讨论、集思广益、激发思维的方法。
- **分解法**：对产品/服务/流程进行分解，拆分成一个个小模块或步骤，再选择其中一个部分进行调整。

受篇幅所限，接下来仅介绍分解法，借此打开一扇窗户，带你领略微创新的魅力。分解法包含两个步骤：一是对产品/服务/流程进行分解；二是选择其中一个部分进行调整。

（1）对产品/服务/流程进行分解

- **软件**：分解成各个功能模块，或按照使用流程分解成多个步骤。
- **硬件**：分解成各个零部件。
- **服务**：按照服务流程分解成多个步骤。

分解的结果可以利用思维导图进行记录，可以根据需要进行多级分解。

（2）选择其中一个部分进行调整

选择其中一个部分，运用4种策略进行调整：删除、复制、重组、优化。

a. 删除：把原来认为必不可少的功能（或步骤、模块）删掉。例如，苹果的 iTouch 就是把 iPhone 的通话功能、GPS 功能删掉了。

通常电商网站都需要用户登录才可以购买商品，而携程网不登录网站就可以直接预订，这可以提升新用户的转化率，如图 6-11 所示。

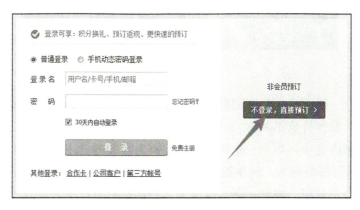

图 6-11 携程网不登录也可以直接预订

b. 复制：对一个物品或服务的某一部分进行复制。例如，自行车多 2 个轮子就变成儿童安全自行车；自行车多一个座椅与一对脚踏板就变成情侣双人自行车。

手机在背面多个屏幕就是双面屏，如图 6-12 所示。双面屏可以带给用户不同的体验，比如别人帮你拍照时你就可以看着屏幕调整 POSE。

c. 重组：跟其他部分重新组合，可以是合并、调整顺序。例如，肯德基可以一边排队一边扫码自助点餐。

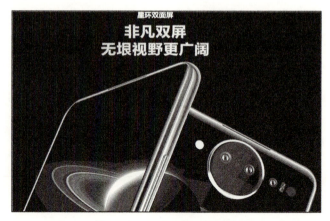

图 6-12　Vivo NEX 双面屏

一般调味牛奶中的糖分过多，还添加了许多人工色素或香料，营养价值不如鲜奶，但小孩爱喝，喝多了妈妈又担心。怎么解决这个问题呢？把调味牛奶分解为包装盒、不同口味的牛奶（可再分解为：纯牛奶、调味剂）、吸管。把吸管与调味剂重组会怎样呢？想象一下，装满调味剂的吸管有什么好处呢？给鲜牛奶搭配不同口味的吸管，既保证了营养，又可以有不同的口味，小孩喜欢，妈妈放心。这就是"神奇吸管"，如图 6-13 所示。

d. 优化：对一个物品或服务的某一部分进行优化、改善。例如，海底捞把顾客排队等待这个环节的体验做到了极致：提供零食、美甲、擦皮鞋，甚至还可以叠千纸鹤来抵扣餐费……

平常我们家里使用的电池基本上是同一种外观，抽屉里的电池经常区分不了哪些是用过的、哪些是新的。小米的彩虹电池通过改变电池外观很好地解决了这个问题，如图 6-14 所示。

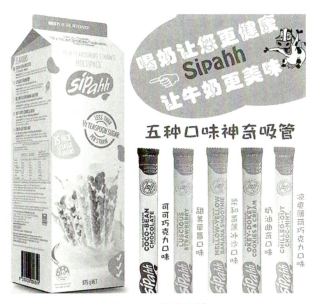

图 6-13 神奇吸管

图 6-14 小米彩虹电池

3. 创意的筛选

利用分解法等微创新方法,会生成很多创意。接下来我们要评估这些创意，从中筛选出好的创意进行立项、开发，把创意落实到产品中。创意开发的整体过程如图 6-15 所示。

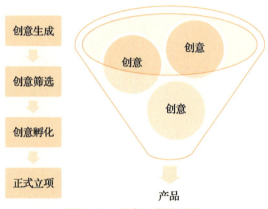

图 6-15　创意开发的过程

针对那些想出来的创意，要逐个评估其价值与可行性，并绘制创意评估矩阵，如图 6-16 所示。

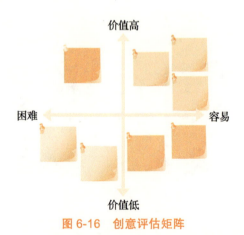

图 6-16　创意评估矩阵

- **价值**：这个创意对用户有什么价值？有哪些使用场景？能

解决什么痛点?有商业价值吗?
- **可行性**:实现的技术可行性如何?难易程度如何?

把每条创意放到创意评估矩阵对应的象限中,然后按照创意筛选矩阵对应的策略来执行。例如,价值高且容易实现的创意可以立即实施,如图 6-17 所示。

图 6-17 创意筛选矩阵

微创新看起来都是很小的改进,通过微创新真能超越对手吗?

我们都知道积跬步以至千里的道理。每天进步 0.01,一年后将会从 1 变成 37.8;每天进步 0.02,一年后将会从 1 变成惊人的 1377.4!

马化腾说过,坚持每天发现、修正一两个小问题,不到一年就能把产品打磨出来了。微小的改进,长期坚持下去,将从量变到质变,从而超越对手。

我们通过"抄"快速把产品打造出来,再通过微创新,持续改进迭代产品、优化用户体验,长期坚持下去将从量变到质变,实现"超",提升了用户满意度、扩大了市场占有率,最终得到

"钞"。这就是"抄超钞"产品方法论。

6.3.3 要点小结

- "抄":通过竞品分析,模仿借鉴业界标杆产品,站在巨人的肩膀上,使产品有个高起点,而不是闭门造车、重复发明轮子。
- 超:通过微创新,不断改进优化产品的体验,使产品超越对手、实现差异化。
- 钞:在"抄"的基础上"超",提升用户价值、扩大市场占有率、构建盈利模式,从而得到"钞"。
- "抄"不等于照抄,还需要有洞察力、执行力和克制力。
- "抄"竞品的功能时,首先需要探索需求并找到竞品满足的本质需求,再去构建解决方案。
- 创新不仅是发明创造、做出新东西,还要考虑是否有价值、能否满足市场需求。
- 微创新:以用户为中心的应用创新,以微小、可持续的方式创造用户价值。
- 分解法:对产品/服务/流程进行分解,拆分成一个个小模块或步骤,再选择其中一个部分,运用4种策略进行调整:删除、复制、重组、优化。
- 微小的改进,长期持续坚持下去,将从量变到质变,从而超越对手。

6.4 反竞品分析

"正"与"反"、"矛"与"盾"、"攻"与"守"这是事物的自然规律，竞品分析也是如此，有竞品分析就有反竞品分析。

很多企业都很重视竞品分析，把竞品分析作为产品开发流程中的一个重要环节，专心去分析竞争对手，而忽视了对自身内部敏感信息的保护。

我们来看几个令人痛心疾首的案例。

案例一：中国宣纸有"纸中之王"的美称，其中安徽宣州泾县生产的宣纸最有名。日本人对宣纸的制作方法垂涎已久，曾派出情报人员到宣州打探情报，后来发现了泾县宣纸厂的车，尾随而至，但泾县厂方谢绝参观，碰了壁。但是，另一批日本人到了浙江的一个县，一家造纸厂热情款待，有问必答，甚至连蒸煮原材料的碱水浓度这样的技术细节也全部告诉了他们，临别时还赠送了檀树皮、长稻草浆和杨桃藤这些原材料样品……就这样日本人轻易地掌握了制造宣纸的核心技术。

案例二：日本人在参观景泰蓝工厂时，厂方居然慷慨地允许日本人拍下全部制作工艺流程，不到两年，中国传统的出口创汇产品景泰蓝大大贬值，原因是日本人也造出了同类的替代品抢占市场份额。

案例三：一次，在日本召开的国际蚕业学术会上，日方对中方代表招待规格很高，令中方的参会代表受宠若惊。原来中方在学术报告上将独创治柞蚕流行病的配方、施药方法甚至病源研究都做了详细分享，日本方面不过是回报以答谢罢了！

案例四：我国的"两步发酵法生产维生素C技术"是一项前途无量的科研成果，瑞士和美国闻风而至，竞相出价购买这项技术。但是，一星期后，某个学报竟然将这项技术的全部研制过程、细节、配方、剂量刊登无遗。原来争着购买的两国代表只花了一本杂志的钱，就买到了这项技术。

在激烈的市场竞争中，我们能够通过各种渠道获取竞品的信息，同样，竞争对手也会做竞品分析，也会尝试通过各种渠道获取我们的信息。

反竞品分析（Counter Competitive Analysis）是针对竞争对手对本企业进行竞品分析而展开的对自身核心信息加以保护与防御的活动。

竞品分析以"攻击"为主，采取各种手段，通过各种途径，在合法的范围内，最大限度地收集与获取竞争对手的重要信息。

反竞品分析则是以"防御"为主，对本企业的信息传播途径加以严格分级与控制，最大限度地防止竞争对手获得本企业内部的机密信息。

那么，如何进行反竞品分析呢？可以从以下几个方面展开：

- 对要保护的信息分级；
- 常见的泄密渠道及防范；
- 竞争信息保护措施。

6.4.1　对要保护的信息分级

不是所有的信息都需要保密。企业在公关、宣传、推广、合作时难免要公开一些信息才能达到目的。

要防止每一条信息的泄漏是不可能的，也缺乏效率。企业不可能什么都保密，也不可能什么都永远保密。

因此，要对企业中的信息分级，明确什么信息属于关键信息，应该受到保护；哪些信息可以小范围公开；哪些信息可以广而告之。

信息保密级别可以分为几个等级，每一保密级别都应有不同的规定和含义，要准确地规定哪些人可同谁分享这些信息。

下面是某公司设定的信息保密级别及规定：

- **绝密级**：最重要的公司秘密，泄密会使公司利益受到特别严重的损害。其查阅人仅限公司董事会、高层决策者及事件相关负责人。
- **机密级**：重要的公司秘密，泄密会使公司利益受到严重损害。其查阅人仅限公司董事会、高层决策者、高层管理人员、部门负责人及事件相关负责人。
- **秘密级**：一般的公司秘密，泄密会使公司的利益受到损害。仅限公司内部员工查阅。
- **公开级**：可以对外公开发布的信息。

确定信息保密级别后，再把公司的相应信息设定为对应的保密级别，比如，对企业经营比较重要的信息可以设为机密级甚至绝密级，包括核心技术、源代码、运营数据、用户数据、财务数据、产品战略规划、产品设计文档、人事信息和法律文件等。

在组织架构方面，在公司层面成立信息安全委员会，多部门协作，避免信息安全的短板。比如，研发、战略规划、人力资源、知识产权、商业情报部门等联合起来，以不同的方法从不同的角度鉴别企业的关键信息。

6.4.2 常见的泄密渠道及防范

1. 对外公开资料

美国海军高级情报分析员埃利斯·扎卡利亚曾经提出:"情报中95%来自公开资料,4%来自半公开资料,仅有1%或者更少来自机密资料。"公开出版发行的资料是情报的主要来源。

几乎所有的公司都需要公关,以便让公司得到外界的关注,然而如果公关工作把关不严,则可能把一些对公关无重大意义、对公司却有可能造成伤害的信息透露出去。因此,应尽可能先让公司的信息安全委员会(如果没有信息安全委员会,可以由管理层、产品经理代理)审查一下公关部的新闻发布。有些公司甚至要求其供应商的新闻发布资料也应先让他们确认。

2. 新闻发布会

新闻发布会在扩大公司产品影响的同时,也可能将某些重要信息流出。对此,最好的办法是在正式举行新闻发布会之前,把敏感的信息交给信息安全委员会(如果没有信息安全委员会,可以由管理层、产品经理代理)来审查,以判断将信息发布出去的好处是否能大于竞争对手得到信息后而使公司可能受到的威胁。

3. 高管的公开讲话、微博、朋友圈

高管的公开讲话也可能造成泄密。尽管高管不会有意泄露保密信息,但也应仔细检查讲稿,以防止无意的信息泄密。

很多高管是微博大V,也经常发朋友圈,他们在社交媒体的

言论稍不留神也可能造成泄密。

4. 工厂参观

由于商业交往的需要，公司会允许有关人员参观他们的工厂，但不注意防范的话就会泄密。我国的景泰蓝、宣纸等重要技术的泄密都是因为允许日本人参观工厂引起的。因此，参观时要有人陪同，不要让参观人员随意走动、拍照录像。

5. 商业垃圾

商业间谍获取信息的一个合法手段就是通过对竞争对手公司垃圾的筛选而找出对自身来说是"宝藏"的东西。这些垃圾可能包括电话号码、产品设计稿、过期的发货单和运货单等，这些都将为竞争对手带去信息与启发。我们的垃圾常常会成为对手的"宝贝"。

另外，打印机、复印机边上经常有人放置打印过的纸以重复利用背面打印，这也很容易造成泄密。

因此，需要对丢弃的机密资料制定销毁程序，确保机密资料已经成为碎片或者已经彻底烧毁，并且对已经销毁的机密材料建立一套跟踪档案。

6. 反求工程/逆向工程

反求工程也叫逆向工程，是指以现代设计理论和方法为基础，通过反向分析、反求设计来探索消化、吸收他人的先进技术和设计理念的一种产品生产方法。反向工程主要是对引进技术和设备的解剖分析，目的是掌握其功能原理、结构参数、材料、形状尺寸，尤其是要掌握关键技术，进行产品再设计。因此，反求工程是竞争对手获取产品技术等信息的捷径。

对于易被竞争对手用反求工程解剖的新产品，在设计上要加以防范，避免产品所涉及的商业秘密被轻易解读出来。

7. 申报材料

在申报的档案材料中，非必需的信息就不要提供。有些公司的申报材料写得太多，这样就会把一些重要的信息暴露给公众和竞争对手。

有关信息可让法律顾问先行检查，对法律上不作要求的便删除；让产品经理及研发经理列出他们不希望透露的资料清单，从而在符合申报要求的情况下将这些信息删除。

8. 商业会议与学术会议

在各种商业展览会、贸易洽谈会以及各种形式的论坛中，经常会有同行、竞争对手活动，常常会成为敏感信息流出的重要渠道。

公司信息的一个主要泄露渠道是工程师和研究人员在学术会议上发布的技术资料。公司的工程师和研究人员经常参加各种学术研讨会，通过各种专业交流来提高自己的专业水平。自由的学术交流对大家都有利，因此没必要阻止这些交流。但对公司人员在会议上提供的资料则应进行审查，以确保保密信息没有被泄露出去。

9. 非公司员工的保密

一些跟你公司合作的第三方机构，如银行、证券商、咨询公司、行业协会、供应商与经销商、广告公司、合作伙伴、战略联盟、合资企业、临时雇员、签约人等，他们可能了解你公司的某些保密信息。尽管你可以同他们当中的一些人签订保密协议，但更重要的是让他们了解保守秘密的重要性。比如，跟你合作的快递公司可能会跟其他人说你公司最近给了他们大量的包裹业务。对他们而言，这仅仅只是值得夸耀的事，而对你的竞争对手来说，这意味着他们会据此推测出你的销量增加了。因此应要求同你有业务往来的公司对敏感信息进行保密。

你聘请的咨询公司可能会接触到公司的一些机密信息，在签订保密协议时可以添加详细的条款，例如，任何时候都不能泄露你的机密；在双方约定的时间内，不为任何指定的其他客户提供服务。

10. 公共场所

员工绝不能在公众场所讨论保密信息。

在电梯里、飞机上、宾馆大厅、展览室或酒馆里，都不要讨论非公开信息，这些场所容易给人一种虚假的安全感。有时为了克服环境的噪声，人们往往会大声说话，结果使谈话内容传播出去，被"有心人士"获取到有价值的信息。

11. 员工

堡垒往往容易从内部被攻破。如果员工缺乏安全意识，他们将会在不经意之间成为竞争对手的同谋。

例如，未经保密训练的销售人员可能会为了促进销售，毫不保留地将敏感信息全部提供出来，也可能有竞争对手冒充顾客套取信息。未经保密训练的客服人员也可能会被伪装成用户的竞争对手套取保密信息。

强化员工的信息保密意识非常重要。苹果公司的一些会议室常挂着写有这些字的提示牌："你离开之后，其他公司的情报人员会利用这个屋子。请擦干净黑板，将未处理的保密文件丢入保密桶。"

12. 文件

保密的文件应放在安全的地方，废弃时不要直接扔进垃圾桶，而应加以粉碎，使其不可能重新拼凑。

公司应小心提防文件资料被人回收，也应警惕回收人员翻查公司的垃圾桶并把信息告诉竞争对手。

惠普公司就限制其员工通讯录的印刷发行，因为一些竞争对手可能会给核心研究人员打电话，以根本不存在的高薪工作为诱饵，吸引其参加面试以套取机密信息。

13. 招聘广告

公司的招聘广告可能会无意中泄露公司的业务信息。

要招聘到合适的员工，公司就必须提供大量有关其业务经营情况的信息。因此，应把公司的招聘广告视为与新闻发布会类似的内容。所有的招聘广告都应经过一定的审查，以确定其中的内容是否应该保密。

有时候打非署名广告或通过猎头公司招聘可能会有更好的保密效果。

14. 互联网

在互联网迅速发展的今天，几乎每家公司都联网，"黑客"可能会入侵你的网站或内部网络系统窃取核心机密。

员工的电脑如果被植入木马、中了病毒、上了钓鱼网站，都有可能使信息被窃取。

15. 数据设备

公司的电脑、智能手机、U盘、移动硬盘、复印机、大型打印机（带存储设备）等设备内可能含有公司的机密信息，这些设备作废时，如果没有把里面的信息彻底清除，就会导致泄密。

很多人报废电脑仅仅只是删除文件，文档删除并不意味着信息就消失了。事实上，有好多家公司都发生过因租用笔记本电脑造成关键信息泄露的事件，因为后面的租用人员将被删除的文件资料恢复了。

当抛弃不用的存储设备时，应将其消磁，如果要确保安全，最好粉碎磁盘。

计算机应妥善保管，严防被盗，因为计算机被盗，不仅会造成计算机本身的损失，而且有可能使公司存储在计算机里的所有机密文件被竞争对手掌握。

另外，维修电脑、进行硬盘数据恢复时也会造成泄密。

16. 离职的员工

公司应同所有的员工签订保密协议，公司的员工以后不管到哪儿工作，不能有任何可能对公司造成伤害的行为。

对于掌握核心机密的岗位，可以考虑让其签订竞业限制协议，防止其跳槽到竞争对手那边时把核心技术带过去。

17. 打印机、复印机、传真机

公用的打印机、复印机、传真机也是常见的泄密渠道，打印的文档没有及时拿走、重复利用的打印纸都可能造成泄密。

6.4.3 竞争信息保护措施

竞争信息的保护措施可以从3个方面入手：人、流程和技术，如图6-18所示。

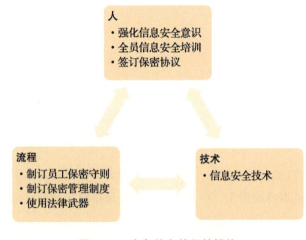

图 6-18 竞争信息的保护措施

1. 人

事在人为，人的因素很重要。员工的信息安全意识甚至比流程、技术手段更重要。许多商业情报泄密事件都是因为企业内部员工的信息安全保护意识淡薄所致，所以员工的信息安全意识显得格外重要，首先要提升全员的信息安全意识。

有人买了个高端的智能门锁，有多重的安全防护措施，但是，他居然把钥匙藏在门口的脚垫下面。

某世界 500 强公司非常重视信息安全，要求员工的电脑密码设定到很高的安全级别：密码中要求同时有大写字母和小写字母、数字、字符，长度不低于 10 位，而且密码每个月要更换一次，且更换的密码不能跟以前用过的密码一样。

后来公司在执行一次安全巡查过程中发现，一个财务部的大龄员工一边输密码，一边看贴在显示器上的便利贴，原来她记不住密码，居然把密码贴在显示器上。

以上两个案例都说明了员工信息安全意识的重要性。我们可以通过以下几个方面提升员工的信息安全意识：

- 全员都要接受信息安全培训，特别是对产品研发部门、关键岗位的保密教育。
- 对关键岗位签订保密协议。
- 不定期发布信息安全的警示案例。
- 设立"信息安全周"，对信息安全进行全面检查，并重点强化信息安全意识。
- 平时适当进行一些不预先通知的检查，例如，请人打电话以记者的名义了解涉及商业秘密的内容，以测试有关人员有无保密意识。
- 让员工知道一些敏感信息不适合在公众场所议论，比如产品开发设计方案、价格表、研发方案等。
- 在信息容易传播的地点，如会议室、食堂以及复印室等，通过海报、提示卡等方式提醒员工注意信息安全，以此作为对员工保密意识的提醒与培养。

2. 技术

网络是一把双刃剑，网络安全问题令人担忧。黑客、竞争对手有可能通过非法手段侵入企业内部网站，窃取数据资料、修改数据等。

企业可以利用技术手段来保障信息的安全。常见的网络信息安全保护技术有防火墙技术、加密技术、认证技术等。

企业可以根据实际需要选择合适的杀毒软件和防木马软件，从技术上保护企业的内部信息安全。

对于易被竞争对手用反求工程解剖的新产品，企业可以使用技术手段在设计上加以防卫，避免产品所涉及的商业秘密被轻易地解读出来。

根据需要订购一些设备，如文件粉碎机、警报器、监视器、密码启动收信的传真机等。

3. 流程与制度

通过流程与制度来加强公司机密信息的保护需要注意以下几点：

（1）日常物理保护

常见的物理保护手段包括安全围墙、狗、保险门、安全门、保险箱、保安、摄像头、安防机器人等。

（2）制订员工保密守则

下面是某公司的员工保密守则，供参考：

- 不要在公共场合，如大楼电梯、餐厅中，谈论公司业务。
- 不要在电话中谈论机密信息。
- 不要和任何不相关的人，包括亲戚和朋友，讨论公司的机密信息。
- 抽屉和文件柜应上锁。
- 当来访者在公司内部走动时，应时刻有人陪同。
- 不要随便连接来路不明的 Wi-Fi 热点。
- 不要随便扫来路不明的二维码。
- 不要随便打开来路不明的邮件。
- 开会后随手擦掉黑板。
- 会议用的打印资料不要随意丢弃。

（3）制订保密管理制度

下面是常见的保密管理措施：

- 执行信息分级制度，确定谁应该知道什么、不应该知道什么。
- 统一对外发布信息的口径和审批手续，包括新闻发布、商务谈判、技术人员发表专业论文、布置展览和赠送样品等。
- 在所有员工的劳动合同中增加有关保护商业秘密的条款。
- 与关键岗位的员工签订保密协议、竞业限制协议。
- 加强来访者的管理。比如，H 公司对来访者的电脑都进行备案登记，并对摄像头、USB 接口全部贴上封条，对手机摄像头也贴上封条。
- 加强对供应链上的合作伙伴的管理，必要时签订保密协议。

（4）使用法律武器

由于竞争情报中 95% 的内容是可以从公开渠道获取的，而对其余 5% 的关键性秘密情报，商业间谍们往往会不择手段地进行非法窃取。因此，竞争情报的保护还应该通过一系列的法律途径来得以实现。

在加强员工的信息保护意识，采取技术手段、管理手段的同时，充分利用法律武器来保护企业的商业秘密是非常有效的手段。我国将商业秘密的保护体现在许多法律法规中，如在《民法》《技术合同法》《劳动法》《刑法》《反不正当竞争法》《版权法》《计算机软件著作权登记办法》《技术引进合同管理条例》《国家技术秘密出口审查暂行规定》等法律法规中，都有保护商业秘密的相关条款。

（5）必要时使用伪情报

伪情报也称为虚假信息、烟幕弹。伪情报的目标是故意放出假消息干扰竞争对手的判断，将竞争对手的注意力从真正重要、真正保密的计划上引开，而争取商业策略最后的成功。

《孙子兵法》中提到："兵者，诡道也。故能而示之不能。用而示之不用。近而示之远，远而示之近。"应用到商业竞争中，就是通过各种手段迷惑竞争对手，使竞争对手做出错误的判断与决策。

6.4.4　要点小结

- 竞品分析与反竞品分析的目标是一致的，都是为了提高产品的核心竞争力。

- 我们在做竞品分析的同时，同样应该加强自身的保护，保护公司的核心信息资源，有效地防御对手的进攻。
- 可以从 3 方面开展反竞品分析：信息分级、常见泄密渠道的防范、竞争信息保护措施。
- 竞争信息的保护措施可以从 3 个方面入手：人、流程和技术。
- 员工的信息安全意识比信息安全的流程、技术手段更重要。
- 攻守兼备，才是制胜之道。

推荐阅读